TRUE DECEIT FALSE LOVE

*Word Search Puzzles on Domestic Violence,
Narcissistic Abuse, Parental Alienation &
Intergenerational Family Trauma*

Dr. Marni Hill Foderaro

BALBOA.PRESS
A DIVISION OF HAY HOUSE

Balboa Press books may be ordered through booksellers or by contacting:

Balboa Press
A Division of Hay House
1663 Liberty Drive
Bloomington, IN 47403
www.balboapress.com
844-682-1282

Because of the dynamic nature of the Internet, any web addresses or links contained in this book may have changed since publication and may no longer be valid. The views expressed in this work are solely those of the author and do not necessarily reflect the views of the publisher, and the publisher hereby disclaims any responsibility for them.

The author of this book does not dispense medical advice or prescribe the use of any technique as a form of treatment for physical, emotional, or medical problems without the advice of a physician, either directly or indirectly. The intent of the author is only to offer information of a general nature to help you in your quest for emotional and spiritual well-being. In the event you use any of the information in this book for yourself, which is your constitutional right, the author and the publisher assume no responsibility for your actions.

Any people depicted in stock imagery provided by Getty Images are models, and such images are being used for illustrative purposes only.
Certain stock imagery © Getty Images.

Print information available on the last page.

ISBN: 979-8-7652-2810-4 (sc)
ISBN: 979-8-7652-2811-1 (e)

Balboa Press rev. date: 05/02/2022

"A puzzle challenges the player to get from a problem to a solution."

~ Ernest Adams

Contents

Disclaimer

The terms, phrases, poems and puzzles provided in the *TRUE DECEIT FALSE LOVE* series of books are on an "as is" basis and intended for informational, educational and entertainment purposes only and should not be understood to constitute a medical, psychological or psychiatric diagnosis, healthcare recommendation or legal advice. The author's intent through this series is to build awareness and provide linguistic examples, definitions, descriptions and/or responses to understand and heal from the trauma of experiencing Domestic Violence, Narcissistic Abuse, Parental Alienation and/or Intergenerational Family Trauma. The author and publisher make no representations or warranties of any kind with respect to the contents of this book and assume no responsibility for errors, inaccuracies, omissions or any other inconsistencies herein. Reading these terms, phrases and acrostic poems are at your own risk and you agree to take full responsibility for any resulting consequences. The information in this series is not a substitution for direct expert assistance and may be triggering. Please seek legal advice or professional help from a medical, psychological, psychiatrist or healthcare specialist if necessary. The author did not develop any of these terms and phrases, as they were coined by countless others, and is not an expert or licensed provider on Domestic Violence, Narcissistic Abuse, Parental Alienation and/or Intergenerational Family Trauma, is not responsible for any resulting consequences, and the use of this book and this series implies your acceptance of this disclaimer. The opinions, roles and responses expressed in the poems are general and should not be confused with the opinions of the author. Certain agencies, businesses and professionals are mentioned for reference purposes only, however characters, roles, genders, events and incidents are the products of the author's imagination. Any resemblance to actual persons, living or dead, male or female, young or old or actual events is purely coincidental.

How to solve these *TRUE DECEIT FALSE LOVE* Word Search Puzzles

The 13 terms and phrases in the word list of each of the 55 puzzles are hidden in the diagram of letters. These terms and phrases are embedded in the diagram forward, backward, up, down and diagonally, always in a consecutive straight line. When you find a term or phrase, circle it or draw a line through the term or phrase. It can be helpful to reflect on its meaning and correlate it to your own experience. Continue until you have found all of the terms and phrases. When you solve each *TRUE DECEIT FALSE LOVE* Word Search Puzzle, you are one step closer to solving the Family Violence Puzzles in your life. Let the healing begin!

When you finally realize that you've been a victim of Family Violence at the hands of a malevolent, calculating abuser, someone you cared for and loved unconditionally, finding the words to understand the methodical gaslighting, deliberate smearing and significant losses you've endured and then to be able to understand, express and heal from your trauma can be especially challenging.

Language has the power to hurt, but language also has the power to heal.

The *TRUE DECEIT FALSE LOVE* series of books provides information on and an emotional, experiential and creative response to many terms and phrases on Domestic Violence, Narcissistic Abuse, Parental Alienation and/or Intergenerational Family Trauma. Learning terminology, reading and creating acrostic and free-verse poems, and even doing Word Search Puzzles may result in much-needed validation as you reflect on what you've been through while you connect the dots to your own experiences. Writing can help make sense of your emotions and experiences and can be extremely therapeutic on your healing journey. In time, the abuser's mask slips, and with your own research and creative outlet, you will come to understand the truth, find your survivor's voice, reclaim your authentic self and live a blessed and happy life filled with abundance, gratitude and love.

To help you on your healing journey, please refer to the enormous, yet incomplete (new verbiage is being continually developed), list of words in the Book 1 (blue) volume of this series:

TRUE DECEIT FALSE LOVE:
15,555 Terms & Phrases on
Domestic Violence, Narcissistic Abuse & Parental Alienation

In the Book 2 (green) volume of the series, these terms & phrases were used to inspire alphabetical acrostic poems. There are 13 poems for each of the 26 letters of the alphabet, resulting in 338 acrostic poems.

TRUE DECEIT FALSE LOVE:
Alphabetical Acrostic Anthems on
Domestic Violence, Narcissistic Abuse & Parental Alienation

The corresponding Book 3 (red) volume of the series is a Survivor's Acrostic Poetry Workbook, where the reader is able to personally create, write and author his or her own acrostic poems. For each letter of the alphabet there are suggested terms & phrases, 1 completed poem for an example, 2 poem recommendations and 3 lined pages for words/poems of your own choosing. This results in 6 poems for each of the 26 letters of the alphabet, so there will be 156 poems when the workbook is completed.

TRUE DECEIT FALSE LOVE:
Survivor's Acrostic Poetry Workbook on
Domestic Violence, Narcissistic Abuse & Parental Alienation

The Book 4 (yellow) volume of the series is a Free-Verse Poetry Collection of 13 poems.

TRUE DECEIT FALSE LOVE:
A Free-Verse Poetry Collection

This volume, Book 5 (purple) of the series is a Word Search Puzzle book. The physical and mental act of completing these 55 Word Search Puzzles, with 13 related words for each term, is a safe and relaxing activity and a creative response to dealing with the abuse and trauma you have experienced; at the same time you will be exposed to and learn many of the related terms. Searching for words activates the part of your brain that controls thinking, logic and reasoning. Solving a puzzle can be challenging, just as playing "detective" and uncovering the secrets that our abusers work so hard to conceal. In my own Abuse Recovery, I found completing jigsaw puzzles, crosswords and word searches very calming during very stressful times. I told myself that every time I completed just one puzzle problem, that I had accomplished something positive which would provide me with a small sense of success to help me get through the day. You have already begun to solve your abusive relationship puzzle, so learn from doing these therapeutic Word Search Puzzles as you move toward healing and closure.

TRUE DECEIT FALSE LOVE:
Word Search Puzzles on
Domestic Violence, Narcissistic Abuse, Parental Alienation & Intergenerational Family Trauma

Recovering from the extreme complex trauma and stress of this type of abuse is a process and takes a great deal of time. It can be compared to other significant losses where you are forced to navigate through the stages of grief. You may have been able to move on or move far away to reclaim your life and start over, but you continue to be haunted by your experiences and dashed hopes for your future. Most of us have to deal with breaking trauma bonds and our abuser's continued emotional, physical, cyber or legal stalking and harassment for years. You may feel alone and lonely as your support system has vanished, although in time, this period of isolation proves to be helpful as you regain your independence and inner strength. During your recovery efforts of self-healing and self-love and to understand your role in this unfortunate situation, it is helpful to reflect and examine your family of origin dynamics and acknowledge your own childhood traumas, abandonment issues, core wounds and possible intergenerational family abuse that most likely contributed to your naivety and unmet emotional needs which eventually led you to choosing toxic, controlling and abusive partnerships. This history may have contributed to you trusting too much too soon, being an over-giver or having weak boundaries, making you the perfect empathetic target for your abuser.

I would like to offer words of hope and encouragement to all of the men, women and children who find themselves navigating Domestic Violence, Narcissistic Abuse, Parental Alienation and/or Intergenerational Family Trauma. Know that you are a beautiful, loving soul who should be treated with kindness and respect. You are not crazy. You didn't do anything to deserve the malicious treatment you received at the hands of your abuser and his/her Flying Monkeys. Don't be hard on yourself that it took you so long to finally see things for what they really are; abusers are skilled master-manipulators and put great efforts into hiding their venomous, vindictive and vile deceit behind their fraudulent mask. You know the truth of what you've been through.

Understanding ourselves, as well as learning the dynamics of toxic individuals who engage in Domestic Violence, Narcissistic Abuse, Parental Alienation and/or Intergenerational Family Trauma, can be very enlightening and help empower you to move towards peace and self-actualization. Your survivor voice matters. Turn your negative experiences into positive opportunities to evolve into the genuine person that you were meant to be. Don't be surprised if you experience some type of Spiritual Awakening and are now more in tune with the universe's signs and synchronicities. Have faith. This may be a good time to reconnect, embrace and trust in a Divine Higher Source. You never know, God could even come to your garage sale!

Author Biography

DR. MARNI HILL FODERARO is an award-winning and celebrated author, speaker and educator. She earned her doctorate in education from Northern Illinois University and completed postdoctoral studies at Harvard after a very successful and rewarding 35-year career as a high school special education teacher, with 12 years as a university graduate school adjunct professor. Marni's life was forever changed after experiencing numerous trauma-induced STEs- Spiritually Transformative Encounters. Marni's 2020 Best Books Award Winning and 5-star  Reader's Favorite Spiritual fiction *"GOD CAME TO MY GARAGE SALE"* is prominently endorsed by James Redfield, best selling author of *"The Celestine Prophecy"* series of books, among celebrity psychic mediums and founding directors of IANDS (International Association for Near Death Studies). Marni is a lover of animals, nature, music and world travel who handles life's challenges with love and compassion. She values honesty, integrity, equality and goodness and prays for peace on earth. In addition to her speaking engagements and various writing endeavors on embracing Spirituality after surviving Domestic Violence, Narcissistic Abuse, Parental Alienation and Intergenerational Family Trauma, Foderaro is a contributing author to numerous anthology books, including: *"The Last Breath," "The Evolution of Echo," "We're All In This Together: Embrace One Another," "Passing The Pearls," "The Ulti-MUTT Book for Dog Lovers" and "bLU Talks Presents" (Business, Life and the Universe.)* In 2022 Marni was inducted into the Bestselling Authors International Organization. Marni's latest prominently endorsed 5-book series is entitled: *"TRUE DECEIT FALSE LOVE."* Dr. Marni Hill Foderaro's books, podcast and T.V. interviews, speaking engagements, book signings, guest articles and events can be found on her website.

<u>**www.GodCameToMyGarageSale.com**</u>

Abuse Cycle

CALM-STAGE
CIRCULAR
DOMESTIC-VIOLENCE-WHEEL
INCIDENT-STAGE
MANIPULATION
PATTERN
POWER-IMBALANCE
RECONCILIATION-STAGE
RELATIONSHIP
STRESS-ANXIETY
TENSION-STAGE
THREATENING
WALK-ON-EGGSHELLS

```
        S F U U Y M                    W D V H L S
        S C B D H E N G                V F X N E Z H M
      T S A Z I F D A P R              G X K R Y M B L G K
    M P D L F N X V Y L U S          P I F Q L P G Y F H F S
    I F T M Y S B U I D V P J      W N Y L L F H F B U M M D
  I A G G S U Y O D W E S F M X    O K K F D U F D D L A K U K Q
  E O J Y T E I X N A S S E R T S V P X Q T P H O Y I W X D Q S
  Q O G L A J L N T Q D Z Z O Z T P S N T E N S I O N S T A G E
  A L G M G N A P U M U Q H D Z U Z Y O R R J L S F V Z N G P Y
  C K Z T E F S L L E H S G G E N O K L A W F O R I X D N A S O
  S U R C F E C N A L A B M I R E W O P O Z S Q L E G M X D A M
  D V A W V C A W M J X C Z L T J A C W N P H U R D N R I X Z E
    P D K H G T X G E J N I S D J D O J J G B Z T Z M R V U N
    H L E E H W E C N E L O I V C I T S E M O D E I C T P P N
    O A U O V K S T M P X F I O H E G A T S T N E D I C N I R
      T I C R L W B D T A M V T Z D S Y Y R A L U C R I C T
      Q O I Q R E C O N C I L I A T I O N S T A G E E N D V
      B W Y U P I D P S D T Q M L O E I U T Q P M R H U
      B T H R E A T E N I N G K Y U U J C S E A E O P S
      R E L A T I O N S H I P L K P M Y G J T B C I
        G Y I J C W Z J Y Q P C U R I J Y T V G P
        V S H X P T Z D R B P U M Y N A R G C
        D I L D J Z V C M T O N L M P A W X E
        X B J M Q I J O E R H Y I R Y M T
        R S A U L Y O N K G Z F Q Y O
        L O L N D T K Q I I T P Q
        X D E R C B A I X C R
          Z T X W N T V
          J J M K K
          L D V
          O
```

Abuser's Playbook

DEVALUE-PHASE
DOMESTIC-VIOLENCE
DOUBLE-LIFE-OF-INFIDELITY
FUTURE-FAKING
GANG-STALKED
HOOVERING
LOVE-BOMBING
MONEY-MANIPULATION
PREDATOR-VS-PREY
PUBLIC-IMAGE
SMIRK-AND-STARE
TRAUMA-BOND
TRIANGULATION

```
                              E
                            E H P
                          X N M Q P
                        Q J D G G J U
                      R V N A P C N Y B
                    F K O N U N R J I F L
                  D X B K X J N E D O R Z I
                J O A N O B L V Y W G W E M C
              J M M I U A P Y D B P H P P V T I
            C W U E Z Q P X V O D S X T G Q O M M
          M W A H S N U Y Z O U W L V O E M M O U A
        A F R A S T J J Y O I B F A G A R I N Q H D G
      J C T K M V I N O I T A L U P I N A M Y E N O M E
    L P I G M O U C X G N Q G E K S S S T R N B V I F K K
  Y K S L M C P V V E A G E R L T I L G S G X V J B R E T H
T C G M G V P S A I J N B S P I V W I L D L J N D C L G K P M
  G W K X W A T I O J G E Q R F D T C O N N U D A R R L S O
    N P H O G C C L W S P K E E E R O V A O D N N F I B K
      I H U Q D X E U T N L D O V I N E K S D D K N I W
        K V O S T N I A F H A F A A N B R L C O B X A
          A B O A C A L H S T I L N E O I F E K D F
            F E R E K K Z K O N U G E M M I J W X
              E V I X E H B R F E U S B S A G E
                R H K D N K V I P L W I F K G
                  U L J I O S D H A T N I X
                    T H C G P E A T N G F
                      U R E R L S I L E
                        F H E I E O A
                          N Y T W N
                            G Y B
                              F
```

Addictions

ALCOHOL-DRUGS
BAD-BEHAVIOR
COMPULSIVE
DENIAL
GAMBLING
MONEY-MANIPULATION
PORNOGRAPHY
PROJECTION
RELAPSE
SECRETIVE
SEX
SUBSTANCE-ABUSE
UNCONTROLLABLE

```
            F N M E S C N E D V
          O D N G S H V U V E X C T K
        G R R R B E V M J I N H B U O O W H
      K S I H H G E H J T I T D O M G M W H X
      I A W I K A M K K E A O M G T M A O P M Q W
    V X E X P M L G O R L W W T U C M V P W U Z M T
  U T N N N B V X H C N G V Z Q T G S Q A M O L J E
    I R Q F L Q A O E U S E A Q J C V H C U P K V S B F
  Z D V G I Q C A S P E I J Y Q F P F S S U K N W A I K M
  B S Q N R A V R L Z X R H O M C U Z B Y R M Q D R N V L
  B I I G D E H W X D H S W S B T A L Y M E N K B Q X Y E E S
  C K U N G E M Y C U E U T W W V H N B J A J E E J J X N H Q
  B A G T Z K K Q L A U A P A N L I O I V J H V Y C F G C A V
  U N C O N T R O L L A B L E Y Z T G W P A O G U A A C L I W
  E X B V U I F W G X P A I T E C C V M V U Q Q S D S L X I D
  F B E L Y O C T Z R Y C L C J E F Y I U A L I S J J I N J M
  P A R L N O I T C E J O R P O E O O E F M R A U R D I B O X
  U L Y S V K U D M V X V P J S R R J B D H K Y T I P W M J E
  B U W W E J W D J V P T O I A F C W I G W R X E I E E T C S
  R S Q A A H G Y H P A R G O N R O P G B H N U R G O R S Y V
    V F I N D C V D X N H A L C O H O L D R U G S C E N V H
  Q Z L S U B S T A N C E A B U S E X M V V J I Z R W V M
    S B P M H D W W X W L D A S R D R W P Z H P Y H G G
    W U E J S I X B Z E B S X E W E V J L U F G G A J E
      R Y L R Y M R N X Q X V N L I N Q I N C L Y J Q
        X J F A V A J G Q Y K A R V F Y D O F K E N
          V P E J O O S P H P V U K D G E G D W X
          K P V G M Z P S K M B F D P L N B R
            K R B K E Z J I E Y C N N F
              T V D L X R R T F H
```

3

Betrayal

BACKSTABBED
BEST-FRIEND
DOUBLE-CROSS
DUPED-DECEIT
FALSE-MASK
IMMORAL
INFIDELITY
SECRETS
UNETHICAL
UNPRINCIPLED
USED-ABUSED
VICTIM
VIOLATION-OF-TRUST

```
                        U
                        S
                  K E X
                  Z D I
                  L A I
              M C B R V
              S D U X I
              U V S Q C
          S K J E C T G
          O E S D X I J
          W H C A W M I
K Y T A H R O Z D H R T S D R M G R L S Q Z J C O X D Q Z
  Z K L A C I H T E N U H L L E E L G F C V T D M E E O
      F I M M O R A L G I D H Z T S L M I W G B L X
        D U P E D D E C E I T Z U S L O O K F P U
          E L B Q I B D S U V C Z X L A K L I V
            Y E I T S E O Y Q G A S I F C
            U S W S J B W P T A N F N
              T T J S E B I L F M I
              E W F I O O A I W R T
              N G J R N R D T P X E
              T H U Z O I E C N S R D R
              S S Z F G L E U E L K R C
                I E T S I E   N H L F C Z
              B A R G T T     D D B L A Z
              L U W Y P       N K U E B
              S N Y           H O K
            T F Z             S D F
            X L               C S
            R                 D
```

Blame-Shifting

AVOID-RESPONSIBILITY
DECEIT
DEVALUE-SHAME
DISTRACTION
EMOTIONAL-DISREGULATION
FALSE-ACCUSATIONS
GASLIGHTING
GUILT-TRIP
HIDDEN-AGENDA
MANIPULATION
PROJECTION
SMEAR-CAMPAIGN
VICTIM-CARD

```
        E B V H D C U E         T L P P R W F U
      B O A X U J M W Z O       X B E Z Y C B S Y E
      G N I T H G I L S A G     X M E P D Q I C W H J
  V Y   Z W I O V Q X W D E     S A U N I Y K Q D N   O K
O P Q T   E L I W F W O N S     R O H O U W O M R   W U S F
B B W W I Y O W O Q X Q A X     B P H I D D E N A G E N D A
R Z C D J L O R P S J O C M     K T R T N Q C G C I Y O E W
X H K I X K I H R T T B E P     G E D A H P I Z M J S T Z Z
S I C H B C C B O W Y J Q S     Z B I L N K Y D I Q W T C X
D N U Q N K R B I W K A L N     S P S U O K S R T S F Z T I
I I K H X H O P S S K K V O W N F T G U O S N C M D N Q D
K O V H C Q N E V D N Q T I R X Q R E J P Q S I L X N G B
  C B T Z D D K S Z Y O L T D V S A R U P X M V H T J T
    D E C E I T L K T S P A U N M C S T V T B M X C W
              N W L S K H G T I
    I L R G N F V Z O V P U E N I I D C S U N Q R J W
  P X Z V M E R J R K V B C K R I O L B G K G U S S S N
X E D F A K L Q E H L V Z C A P D N A Y Y H I Q K T R H G
V K B K H P Y A U I B G F A P I G I N K R P A N N X E S Y
X M A N I P U L A T I O N E     R Z S O B N O P X D Z N L P
L B X E Y C A Y N A N A N S     T M X I V K E M R T Z H M Y
D E V A L U E S H A M E L L     T B O T R A F A E V L H H G
Z P R O J E C T I O N R D A     L H T O K G Q C E W C Y R S
Q O O O X O Z P L F N B O F     I I U M N Y B R A A T Z P A
D Z R T   H F I B E H W W D     U H T E Y P G A Z   V Y I Y
  V J   L X F V P I L F R T     G D Y L M F B E E T   R X
    O P H E T S Y R M R A       O C X O M T T M K I T
    E K Z H T N P Z M T         F M Y B Q F S B S Q
    H U X F S B T W             S L N S G R O O
```

Boundaries

DISREGARD-VALUES
DISRESPECT
LOW-SELF-ESTEEM
PERSONAL-SPACE
PROTECT-YOURSELF
RELATIONSHIPS
SELF-RESPECT
SETTING-LIMITS
TEAR-DOWN
UNHEALTHY
USED-AND-ABUSED
WALKED-ON
WEAK-VS-STRONG

```
                              W
                            U H H
                          S B P A V
                        E G J P D R R
                      D S X A H G J P J
                    A R L D A W K F F F W
                  N J W D X H I V Q L N I J
                D S A S P N P J T O K L N Y U
              A I L I W P F Y Q I N M A N D M M
            B V K C X Z R E L A T I O N S H I P S
          U E E D I S R E S P E C T P R C X D Z G L
        S D D T Q E D V P R O T E C T Y O U R S E L F
      E N O D Z X U K R K X G N O R T S S V K A E W V M
    D H N O F E F J O L R R E A W D F E H V X Q W S K O Q
  P R W T J U L B J A C G U O S Z I H C A Y I G Q M X A C W
    N Y L X           E H F O S           V R V H
    X W P Z           C T F C R           H F I Y
    S K U S           A U U C E           K K V G
    B T Q T           P P M E G           T A D Y
    S R O I           S B S Y A           G V N F
    D U Q M I O Y Q L C A M R R U V R X X H K
    F S L I L R Z C A E C E D Y I E V A S Q Z
    T V F L T H W L N D I E V H V W V B J E K
    E S F G D W K I O T L T A T X Q E H X X B
    A Q V N           S P X S L L J A O Z V Y V
    R R Q I           R N U E U A H F W V W L Q
    D Y V T           E U S F E E           T U G
    O R Z T           P G M L S H           O Z S
    W Z H E           O X F E G N           Y T P
    N P V S G Q G F U R V S S U           I Y O
    K A H U A Z Q I E S F W G D       T   L L S
    R M G N X F Y K B S H O F V           O T B
    T C E P S E R F L E S L J Z           Q L T
    A L E U W Q P S K M W Q R Z           O L F
    F B Q F F P L Q C K A N X Z           P L T
```

Child Abuse

CRIMINAL
DAMAGE
EMOTIONAL
EXPLOITATION
HARM
MALTREATMENT
NEGLECT
PARENTAL-ALIENATION
PHYSICAL
PROTECTION
PSYCHOLOGICAL
TRAFFICKING
VICTIM

```
                              H E
                              G P
                              F L
       Z E                    I F                        M
         L Z          M L K N W Z                      P W
           L S      N O I T C E T O R P S        Z H
             L O Q M W L K O B C J G I Y Z P    L A
               T C P L A N O I T O M E O E C Q R
             N N X R A C R B U A X N X G G W M
             O E L P J R A N I Y R K A A L T L J
             B I M A H N A E E N X C M G T M C K E
             J T T C Y R R N N H R A K C P B E O B E
             D A A I S T Q W W T D O G C M X L H W I
       X S G Z Q T E G I R G E P Z A W A A S E G Y C C Q G P X
       K N H A I I R O C A W F U Q M L I P C P E Y F V O N X E
             F O T L A F S K B N L E A R X K N O B N
             U L L O L F U I P R C Z I L V M K Y L D
             P P A H W I O Z C E J M Q I I D V M I
             X M C R C N E I V I K C P C E F O G
             E P Y C K W A X N R T L V O N N U
             Z X S I I I C A I I S C O I J P A
         X Y     P R N J L U M J N S A G E    B T
       P Q         S G O V O G O O M Y Q          P I
     G I             S S F S T M                Q O
     D                 R D                      B N
                       H K
                       N K
                       Q J
```

7

Codependency

ATTACHMENT-STYLE
BEHAVIOR-PATTERN
CIRCULAR-RELATIONSHIP
DISCONNECTED
ENABLER
GIVER-VS-TAKER
IMBALANCE
INEQUITY
ONE-SIDED
RELIANCE-ON-OTHERS
TOXIC-DYNAMIC
UNHEALTHY
VICTIM

```
                              Q M A E R M I Y F W U V O
                        J W D C I Z N E D R E F F
                    N N E U D G T N A K I E R
                M Q G U N R R C G B A S Y
              O S M L J S P I M L T C W
          F M P E N I J V R E S O D
        W Y E I N B Y F G R V N S
        C D L H R K U E J R N F
      N D U Y S E S Y J E E N A
      E L S T N T L I V C W M
    Z V G D S O T O I T E D S
    S S M J T I A G E H D O Q
    N N B R N T P D D Z X G
    M Z Y R E A R D C B T D
    U O J L M L O X N A U E
    E Y L Q H E I H I T S D
    J V T W C R V A T W L I
    C P N Z A R A I N N O S
    T T N Q T A H N H C C E Z
    O H D M T L E E D B E N O
      T M N A U B Q X A F O V
      E H K S C N U O S L M N A
        G P C R X I C X D R B O Y
        A D T I D T W L B K K U T
        F H C D Y F R O S G O Z H
          A J G L I M B A L A N C E
          U Y M R O Q I I O I Y R R A
          Y Q O A E S L D S J A S I Y
            B I U N H E A L T H Y G E
              T O X I C D Y N A M I C N
```

Coercive Control

CAUSE-PSYCHOLOGICAL-HARM
DEFY-DEVALUE-DISCARD-DESTROY
DISTRESS
FEAR
HUMILIATE
INTIMIDATION
MANIPULATOR
MIND-GAMES
NARCISSISTIC-ABUSE
PATTERN-OF-EMOTIONAL-ABUSE
POWER-PLAY
SUBORDINATION
THREATENING

```
S W E S U B A C I T S I S S I C R A N S O T P F L K S H R R
T M W Q K Q W E R F A L M Z W S T D J A N O O J H O G E H F
R J Z A Y L R G J O H O T G C P I W L Y U E W K Y M I W V C
V X L G L C Z G M S Z W S F V S W C C K N R E N H I S U Q X
W Z D G E X Z F A T Z P R M T Q Y M X W Z R R Q Q L R P Q Q
H L Q A I Y K T J C Z X Q R A H G A Y P Z H P P Z F O U D L
L Z H U X N N V L O W V E T Q Z S D E W K E L U L W H K A R
I E U B X Q Z W N K D S P N A D G J P E K F A E P V F T P A
R D C M Q L S W P R S M R Y O B A M A K G P Y W S C I X R X
R F E J B W A F K E Z K D A X I I U L M T N P M S R W G R Y
Y J X W S D J M L Z D V W T W M T M L L U V N W J P P B S L
P I A K X K X V C O A P K N M W N A H E P I Z X O S Q G S P
T R O T A L U P I N A M S Q B I F M D T L M Q C X T P G X X
H Y U E Z C A U S E P S Y C H O L O G I C A L H A R M R I Z
X N H N X F A G Z T Q A D Q R J Q I O Z M Y M N P F A C K F
S O Y T I T J X T H R E A T E N I N G Q Z I Y D A V Q C Z U
E I M W A H E A R C C Y E I L S V H I U A C T A P S Q W B L
M T G F X Z G V V H N X W I W D J T V K W C S N R B P K M O
A A U E U A V V F M F Z L K T V K P T B F X P M I N X C Q B
G N D U X I T E N P A N O R Y S V P R C E I K Q H Z O I F Q
D I G G A G I C C D U Z J H R C J U H S A I T W Y X A L G S
N D T U H Z I Z W T G O Z K R F U Q B K R N V S G R V P I F
I R K Y F H P A T T E R N O F E M O T I O N A L A B U S E I
M O D Y I D E F Y D E V A L U E D I S C A R D D E S T R O Y
L B I V W T Y T F L X W R W P L S L B O G U G S B F I Q T F
O U K Q W D P K O D G J E X X N D R G R H X O W A V I O P C
J S W Y J D S L G G Y S Z M L H U M I L I A T E D G N M T J
C R K T L K O N B N F V V T B T R V B Y U L K W I O J H K B
M X D V V N B R X R H O C A V D K D I D R E D L C T M M L W
A A U A D S P U X Q N D G B I L L N H G I H B L E A N S Z U
```

9

Cognitive Dissonance

COERCIVE-CONTROL
CONFLICTING-BELIEFS
CONFOUNDMENT
CONFUSED
GASLIT
GUT-FEELING
INCONSISTENT-THOUGHTS
IRRATIONAL
MANIPULATED
MENTAL-DISCOMFORT
NARCISSIST'S-STRATEGY
SENSORY-OVERLOAD
UNEASE

```
          N X B V B B              V P O Z J N
         U G L H V K F Z          W V G F U I K V
        K F Y X J X T E T X        E S P X M L N Y G E
       T E C M G C K B Z D T Y      M O V W A N H E E G L Q
      X G G V V Q I B X G M M U      E C O N F U S E D Y A A V
     F X O Z V L D N K N U M N B D  N Q U F Z L A X M U U L S K N
     V C H A G H Z Q Y R X M I A U D D G B S R S O J P X N C N E K
     C O N F L I C T I N G B E L I E F S Q C J O G D H U Y I C E J
     U F B R R U B P G G O Y I D N O U X O C N H V W J J P P Q T Y
     U M T F Z G Z U O V N B S D A K S A I R R A T I O N A L Z R S
     F U W L S E N S O R Y O V E R L O A D X D J U F X Y E Q U E A
     Z Q I D A N L D W G P H G T C T N E M D N U O F N O C E R C N
     B R E E C G W H N L U G N I L E E F T U G U F H V A Z O M
     S B H M P O I N C O N S I S T E N T T H O U G H T S E A P
     W N L R X N T R O F M O C S I D L A T N E M Z H T R N M Z
      K M D G W Y Y H A I K Z I I R L Z V X L S S W C I C H
      J T K F I C Z W X J L K S K R L X Q V R W O I P G W J
       E J Z P L T L Z F K D T C G N B O S S G V U A B O
       I Q D K G B N P L O I S P E Y M Z O X E L V F U Y
        U Q R U G V F B J I S K Z G R Z H C A P H C T
         N T L Z L R D N Z T W M F D F O T P Z E L
          T I K X T S D Y R G P O J N E N R J W
         D B W N I X Q R A P Q P T D L O N B L
          J P M L I H H T Q S R I D F R H D
           I B S Q D C E W O U L S F L T
            S A N P O G L W A X S C O
             G C A T Y G S I U V W
              V W Q V U P L
               V G R A D
                V F D
                 P
```

Crazymaking

COERCIVE-TACTIC
CONTROL
EMOTIONAL
FALSE-REALITY
MANIPULATION
MIND-GAMES
NARCISSISTIC-ABUSE
PERSONALITY-DISORDER
PSYCHOPATH
QUESTION-YOURSELF
SOCIOPATH
SUBTLE-DYNAMIC
WORD-SALAD

```
                        M
                      N I N
                    C U N O Y
                  H R M D I A P
                B J I H G T Q H C
              B F X T I A A U T I L
            J C U F D K M L E A T F N
          T D D D A F D E U S P C Q P D
        L Z O E I P H S S P T O A W U J H
      I A P J Q C E P K P I I H T N D E T P
    A D N L R Q U R T H H N O C E C L O A N R
  D D S O Z M B X S J M Q A N Y V I V J P K U L
W O E Y I R P R E O M D I M Y S I O W B O P J C L
I G S U B T L E D Y N A M I C O P C N O P I G Z D R Q
U G K L J L O L A A O A N M F U U Y R M F H C K E G A O Z
G U S F Y M X M H S J C L L I F L R N E N U T O W L L I S T H
  F T R H H Q E G J C Q I D I N D S M O C A Q S O I R T H E
  E D Q I K C J N G S T X L K L E L C V Z E X D Q K L C
  Y P X F G J D X F Y C V Q F L C O N T R O L Y H A
  T V S M C H V V D T R V J F Z N S S G X B I W
  I F M N A R C I S S I S T I C A B U S E O
  L G F Z Q K S Q W M M X F T Z Y M S R
  A W J B W O Z T V C H A Y U U B D
  E C S X R B W Y A R I T V J S
  R C F D M G Q X T I S O A
  E M E T A H D M R Q L
  S R R I T B O C A
  L F Q I E X D
  A K Z A D
  F Q V
  O
```

Domestic Violence

ABUSE-PATTERN
ALIENATION
CRIMINAL
EMOTIONAL-PHYSICAL
FAMILY-TRAUMA
FINANCIAL-CONTROL
INTIMATE-PARTNER-VIOLENCE
ISOLATE
POWER
SEXUAL-ASSAULT
SHELTER
SPOUSAL-TERRORISM
WHEEL-CYCLE

```
            V T B M A E O M D M
          Z C A F H D B C Y R Y O C T
        U Q G N C D E Y U N N O E D U B D R
      F Z D O D P X T G S E D T N V E D R J E
    A Q P D N C Y F S F E L X U W E B P K J F X
  T H T U J F T J J L R P O J L D O F O D O U I V
  E P Q R Q R Q Y T P H O A I Y Y B R T K E O L T M
  Z R T E A D R W U K Y F T V H R J I L K M Z C L S W
I M O O E D Q W R T Q U X T R U Y P U U Y X N X M I H Y
J W H E E L C Y C L E P P E E X J Z Z A Z T J D D R A Z
P X K K J S R D N R L E W J R N S G T P S Z Z D T X O O O Q
L V B A I N J K E A A T Z L N T J S X W S O D G T L R P T A
J O R E I X E I T O C S Q O F R D Z V V A W K S O K R F O N
F P G L T W R Q Q Y I H E R B A K V S N L Y F V D U E F B I
R D W P C A D W K C S E Q T V P S W H Z A D M S Y I T Q O H
S B I L U Q L K I X Y L L N I E F A L X U S C Z M Y L N H F
O E X Z S B R O I X H T J O V T E Y U Z X D V P A L A B R J
F F P W K K U N S E P E A C V A M V N Q E G D G L O S D H E
X A H T F M N G Z I L R X L I M F L X A S N H U A H U Y U Q
D W M Q U E U Y P N A K I A G I B B A B A Z Q G G G O E F R
  B E I Y R J G E I N Z N I T T M G K W S D G Y E P P Q N
  Z A Z L X R L M R O R S C C N O I T A N E I L A H S M I
    I T Z Y R X M E I A V N U I G S V I S Y B C Z A Y F
  X P A W T R I W T D A A X D J X Q K C J G V B A V W
      Z C A W R D O O B G N G L R M M V G Y Q C L Y C
        R K W X A P M C W I B K L A N I M I R C I R
          L L P M U E V T F E F S R M J C P S D S
          J W H M M J V C A G F F E L B W B A
            Q S A A G D U G Q M A I M P
              C D K U O G H A K E
```

12

Duper's Delight

CHEATER
DECEIVING-LIAR
DISHONESTY
EMOTIONAL-BOOST
ENJOY-THE-DESTROY
GET-AWAY-WITH-IT
MANIPULATOR
POWER-CONTROL
PSYCHOPATH-SOCIOPATH
RUSH
SECRECY
SMIRK-STARE
THRILL

```
                              T
                              S
                            C O S
                            P O M
                            R B I
                          T F L R E
                          K Y A K C
                          J I N S G
                        B Y I O T V G
                        F P V I A J S
                        W E Y T R Q M
      R G E T A W A Y W I T H I T O E X A R E T A E H C P E Q T
        D P O W E R C O N T R O L M Q I G L L S J B S F M E A
          C L R A I L G N I V I E C E D E T S S S L G Q
            B P S Y C H O P A T H S O C I O P A T H M
            E Q Y C C Y Y R X S D Y P K T T V U C
              Y O R T S E D E H T Y O J N E
              C G S M R U N X O X F X G
                E E H A A I E B Q N H
                O N X L N D P I Y I K
                U O A W J I K Z K P B
              Z O H L F Q M P T X Q E A
              D Z S V C F U L U K H G H
              W K I T Y N   U L L L S Y
            W R E D C X       S I A E U H
            B A K E R           F R T A R
            O H R                 H O J
          U E C                     T R X
          X E                         P J
          S                           L
```

13

Empath

CARE-CONCERN
COMPASSION
EMOTIONAL
FEEL-DEPLETED
HELPING
HIGHLY-ATTUNED
INTERNALIZING
LISTENER
OVER-GIVER
RELATABLE-TO-OTHERS
ROLE-MODEL
SENSITIVE
SYMPATHETIC

```
        L B M E Z L N T           B I I E Y S K E
      M D D Q T W B O E P         O E M O T I O N A L
      I S M L Y J K M T Y M     D D S E N S I T I V E
  Y G   T K F D O U Z G F V     O L T Y S S Z O H Y   U Y
S C C N   W R E B B L E Y W     R I T A H P G E F   P Q Z N
K P K T X G Y O T K F N H T     W I V K F M R I J I S S K J
D C Y A G U I R F T T P D Z     L V R D L T U R E B A Q T T
C I T E H T A P M Y S L I C     I N T E R N A L I Z I N G R
Y L G V I J Q W L A F W A K     P O P M S G U F G X I V C V
J S C A R E C O N C E R N D     C R M R R C C G D X Y Y W Q
H K D C L S V X O H V S L Z O E Y E F V P V E Y T Q K S U
E L L V B N A R T E Y O S M N N H B W L O N H Z K T N S X
  Z L T F J M A U W R T P E D T A B Y G U Y D D B P A Z
    X C F P Q D S E E A T E O J B S L T G W Z R A D L
            S S U O E R D H T
      K Y L A K E K S I K T U X G C A E Q M H B P A K Z
    Z B Q M M T U I L Z E C L F H Y F C L C P S V P X X Z
  Y B I P L N C O K Q L T I X Q L T E T L P S G W R B T E D
S S X J G Q N P M B Z X L H H Z G E R E V I G R E V O C C
B H P V A H B G A R V V M G   F R L S T B D N X K N S B G
M I H E O Y Q T O Q R N I R   O W D U U Z J R G I J C Y A
U V Q H X I A D B Q V H V S   P T E U G C C C W B N G B I
K J O M W L Q U O A S W O B   N U P G I R N P T B L S B C
R N Z F E V D Q A F T X U Z   S N L I Q X K F A K V Z B T
M K A R   G Z D S X S Y O L   A X E R X N K P A   K R Y N
  J Z   B Q C E Z H Q U O S   F S T Z L A U K M X   W S
      M L E D O M E L O R V   X J E A P R K N Z Y D
      B C J O L L L Q V W     S D V Z H D Z G G R
      E O O S I K D H         Z H I U W M O R
```

Erased Parent

ABANDONED-PARENT
ABDUCTED-BRAINWASHED-CHILDREN
BADMOUTH
DAD-OR-MOM
ESTRANGEMENT
FALSE-ACCUSATIONS
HALF-TRUTHS-OUTRIGHT-LIES
KIDNAPPED-KIDS
PARENTAL-ALIENATION
REWRITTEN-MEMORIES
SEVER-BONDS
UNDERMINED
WEAPONIZED-TO-HATE

```
                              H
                            C O H
                          R F I K O
                        J E Q D T N H
                      U M W O I N D Y E
                    N R P R A K E G W H D
                  D W N N I C X R S C P P N
                E E D W I T F W A G F A Q C G
              R C B I O B T O N P J Q H Y R E A
            M S P R D X K E I B D S Q W X R N B V
          I T D L T A N T N L O E M O J S M C D W J
        N M X I S A F R A M X O N C A Q R C L U I Y X
      E K S U K U M Q M P E I K O W X R U B V C B G L A
    D J F N F D T E V X H M S F D E V H G V D T P V I K E
  Y G G Z I L E M N W W G O E S N A B Y O T Y E G T Q O C T
      L V P O         R I D A P         I D N Y
      V T P M         I L N B O         X B B P
      F P A R         E T O A N         O R V V
      A A N O         S H B J I         X A H E
      L R D D         T G R H Z         K I B Y
      S E I A R P H U R I E H E E E D E R N I P
      E N K D F M O Y T R V B D O Y W F Z W T N
      A T O F Z M W M U T E J T V N A W I A N M
      C A I O D S Z S H U S J O A H R L Q S E B
      C L R A         F O Q P H Z W D D X H M C
      U A B F         K S X Y A G F C U X E E Y
      S L R Z         K H Y B T S         D G P
      A I L L         I T D E E P         C N L
      T E S A         O U I B K M         H A D
      I N J G D Q R I R R A H V I         I R Z
      O A V R Q D J B C T F R V E     C   L T I
      N T C Q F B F W B F G Q U V         D S L
      S I S C K D Q L P L P V Z J         R E E
      K O N S R V N W D A O Y G R         E Z F
      V N V E N B N J J H W Z N M         N N Y
```

Financial Abuse

ALLOWANCE-CONTROL
CASH-DEPLETED
CASHING-KID'S-SAVINGS-BONDS
CONTROL-POWER
FORGERY-EXPLOITATION
JUGGLING-ACCOUNTS
MAXING-OUT-CREDIT-CARDS
MONEY-MANIPULATION
NARCISSISTIC-ABUSE
RESTRICT-ACCESS
SECRET-LOANS
STEALING-ASSETS
TURN-OVER-PAYCHECKS

```
                              D A
                              K C
                              G A
        K G                   Z S                        P
         S Z            H U G H Y K                      S K
          H X        T Z C A A I E M Q E J          Q F
           D C W L U V O G F N L O S M U M    W F
            F R M R A N E P G J N C A G S U X
            I X F V N V T S S K O E Q L G T R
            X Y Y B O D R U D I X Y T L L E E L
          E W W S J V C O B R D N M S O I A S D
          Q V M F M E R L A A S D A N W N L T V A
          L F Q M L R S P C C S E N A A G I R Z J
    F O R G E R Y E X P L O I T A T I O N A N I O E U E Q V
    V Z W Q S B P J D A X W T I V E P L C C G C S D N L L S
            X P Q I A Y Q E S D I L U T E C A T I F
            B K R C J C Q R I E N P L E C O S A Y S
          W R Z R I H S E S R G E A R O U S C U
            L Y A N E X A S C S D T C N N E C T
            D K C U C P E I T B H I E T T T E
            U Z P C K G M C U O S O S R S S S
          R K   U K S K C R O N A N C O Y     S W
        C E         V B R V A G D C D B L        H L
      S G               J N N S T H              H S
      U                     I E                    V J
                            X P
                            A J
                            M C
```

Flying Monkeys

ABUSE-BY-PROXY
COWORKERS
DO-THE-NARC'S-BIDDING
GATHERING-INTEL
GROOMING-HENCHMEN
MONKEY-BRANCHING
NEIGHBORS-FAMILY-FRIENDS
REPORTER
SNITCHES
SPREAD-GOSSIP
SPY-TACTIC
THIRD-PARTY
WIZARD-OF-OZ

```
                              U F F F S T F J G Y F P H
                        G B M W I Z A R D O F O Z
                    C T P R C W C T O U Y F A
                  M V S V C O C U Y D V S X
                T D N S O W O W N D O W M
              Z R I O W N D M A Y U A C
            G X T X O K E C I X Y L G
            N C J R L W I S N M N O
          C H C K U E V G G G O C W
          E V E T H T A H G H N V
        S X R Z P T N Q B N E K V
        T S H F P H I A O I N E W
        C I O I I I G B R D C Y
        N Y X K S R N R S D H B
        B G B Y S D I E F I M R
        E M F K O P R P A B E A
        C W S Z G A E O M S N N
        W L E A D R H R I C Y C
        C G A B A T T T L R X H I
        O T Q B E Y A E Y A O I K
          I K A R K G R F N R N Z
          B I O P Z L I R E P G W K
           I Y S B U V I H Y R N R W
          O C S L J M E T B R S N M
          D C F S X N O E Z J K N Y
          B C Y D D D S Q B R V R U
            I G M S X U X Q U P T Y H D
          E L U B P B B N T M O M B U
            A O H S P Y T A C T I C I
            Z J E S T M G X G Y S L X
```

Future Faking

ENGAGEMENT-MARRIAGE-DREAMS
HAPPILY-EVER-AFTER
IMPULSIVITY
LOVE-BOMB
MAGICAL-THINKING
MAGNETIC-CONNECTION
MANIPULATIVE-STRATEGY
MEANT-TO-BE
NARCISSITIC-RED-FLAG
PLAN-YOUR-FUTURE
ROMANTIC-VISION
SOULMATE-PROMISE
TRAUMA-BONDED

```
Z W H H C L T C G N N M U D Q X K Z Z H Y O N B J T P U N F
J K P R B N D P A T A D W F J R N P J E A N Y Q L J K R R U
M V Q T B J F I R L R R V P W L G J V I G Y V P V T J O W I
D X T P O T L C B M A A C D C N J L C U I M E L Y G X T B M
P B I Y U L V Q E S C W U I R P O H S X C W D G C B W P S S
I J Q M N S T L T E Z Q D M S X C Z B W R X E D Q B T L E S
H Q R M A H L R Y T M B B K A S F B M I Z T G T Z I Q O S C
S Q L K H G I U S Y L E Y R S B I D F Y A Q K L Q T W V R J
G Y S U G C N T L I K D V H O I O S B R X E G G S L Z E O U
J W Y N O K S E L B K O I U V F D N T V T D N P Q Y A B M P
I N P T X G R I T N X H I F U X D S D I Q A D Y V D Q O A I
W N Q K M W U U J I T K J A V N E H S E C R W B R F I M N V
H J K S K X S N Y F C J F H S V A S X I D R X T G J G B T I
L C X I Y R V U A X Z C Q R I O G N U O F M E A M W B Q I Y
Q K E W T I N W U K M N O T K M U B E S G M Z D B G Z Z C P
O K G W I A Y U V E P P A N S Y L L V M P J P P F I I R V V
X K W D V D C Z C H E L R S N L K D M X B H I O R L I E I L
H X C M I P G Y Z I U J V C E E O Q O A S O D S J O A V S C
X R K E S A G W R P B W X M H Z C A P R T G P A N K Y G I N
O F R A L S O S I R J W A W D K S T K G Y E Z I J C R K O M
T T E N U G X N P Z X C D S J N A Z I H T K P V M Q H Y N U
C O M T P S A S B L V H N O J K L A G O I W H R X Q G Z W D
O P W T M M L S G J D U E D Z C Y P X V N F U A O W S K O Y
D M A O I M A G I C A L T H I N K I N G S E L C K M E N O M
V D I B N M V N A O G H H S T L E W D P A F V Z C P I O A G
H S J E R E T F A R E V E Y L I P P A H B G P E Z L R S J B
R G R V H C E O E O N E W V O A Z A N B S P P N K E R Z E V
E V T S M A E R D E G A I R R A M T N E M E G A G N E V O R
S Q R Z Q R K S O U O D B E R U T U F R U O Y N A L P Y E J
C R S F M L Z U J E V Q D X A P I Z G Q G H S X F X P B O A
```

Gaslighting

CONFUSE
CRAZY-MAKING
DEVALUE
INDECISION
ISOLATION
METHODICAL-DISCOUNTING
MIRRORING
PUT-DOWN-INVALIDATED
QUESTION-YOURSELF
RED-FLAG
SECOND-GUESS
SELF-DOUBT
STRATEGY

```
              N K Z X L A                        E T E F G P
              N K X F A G G Z                    G W W H M G S K
          A B S N J U Y T X N                    E S D X R G I I W U
        S H S A Z R D P X E V I                  I A H Z P Z K N A Y X T
        I A G G N I R O R R I M U          P S H T I P X C O L G F L
    O D X F W L Y N A H Y M U U Z      B R Q O H H L Y M A Q K F D N
    K L J K Y G K Q N R G K Z L A K Z G R Z I N D E C I S I O N P
    E H N O I T A L O S I Y K P J G S J Q V U P O R D E I B B Q Y
    J P X V M C X T Q J M D E T A D I L A V N I N W O D T U P D X
    F V P E C C Y K B W W L H G N I K A M Y Z A R C C Q T S T Y L
    L C D E J E R O R W W P P W G X M L M D W O U X B G J T W T L
    R N V P Y L J X J E C E C H E P H S N Q E E S U F E U O W E Z
    W O U G I R Y Y Y M N O V O H S E C O N D G U E S S H H K
    J E K E L V H T T V F G J P L A O V J L A W X J V K R P L
    O K C T H N T J R S C M J S X I G H E P W S A A L V I A I
      K C A A A U P F C T I B B L Z P B K D M P T O F V S H
      L Z R N U B F U M B F L E S R U O Y N O I T S E U Q C
      Q T G N I T N U O C S I D L A C I D O H T E M B P
      A S N K C X E G M B U L P Q A S I F I N Y S T G D
        L L Q V B U F A B W J J N W J Q X Q D E J Y L
          O L N G L B Q L H C H B J D P P N L B H K
          N W W A B W J F Z O D M D C V F H C C
          Z X X V Z V K D D W N N Q A D C M R M
            H F E M X Y E E E U F O O W F I Q
              I D M U R A Z M R X U M O E C
              R A T M U R G H B X S P H
              O O H D C L T E Q H E
                H C I C Z R B
                  D D L B H
                    S J G
                      S
```

Golden Child

BEST-TROPHY
CHOSEN-CHILD
DO-NO-WRONG
ENTITLED
GLORIFIED
GRANDIOSE
LIVE-VICARIOUSLY
MINI-ME-COMPETITION
NUMBER-ONE
PRAISE
SPOILED
SUCCESSFUL
SUPREMACY

```
                          D
                        H O Q
                      K F P A J
                    S P R E I S C
                  O E Z Y R S Z N E
                V S N O L X C I A V T
              R O L B S E C I D A Z D B
            H I U O V D G C L Y H R O B O
          C D O Y G M B E S T T R O P H Y D
        V N Y B E N O R E B M U N K K G V O J
      W A D C F E W B M O M A H T K N G A U S T
    I R Z L D S U C C E S S F U L Z O G C X J M S
  K G M L I N O I T I T E P M O C E M I N I M I J P
Z F S V L H T F Z U R K C L J O J I V X X O J X N I A
C S F P C G C V G E Z R T O I O M T P Y A U S L H Z I L Z
U D G V O D M N C T C T F W C V B O Y P D O N O W R O N G B Q
Y T M I Q B E N I Z G Y X B E J T W F A C Z I R W H B M Z
C D L F C S W Y I L S X Q V I E V T S D L O V S W K X
R E Q N O X R A O N A U I P C J V B O N R D X O B
D E K H A Z S R A T K C Q I C Y V F M E A K I
  L V C T P G I V N R A G X B E E U L Q W I
    Q P X W K F S U P R E M A C Y T K N K
      E X T H I U Q O I Z J J M I L G M
        M O N E F R W O X W Y T H Z W
          T L D J H E U V N N T U Y
            F Q T A Z S E E M Y P
              G C S W L Y C Q M
                N T K Y J E U
                  V D Z G B
                    F J U
                      G
```

20

Grey Rock

COPING-SKILL
DISENGAGE
DULL-BORING
INDIFFERENCE
LOW-CONTACT
MANIPULATION-METHOD
MINIMIZE
NO-EXPRESSION
NON-REACTIVE
STONEFACED
STRATEGY
UNEMOTIONAL-GHOSTING
WITHHOLD-SUPPLY

```
                    R O Y A K K N R T X
                  Z J W P W E G G V O B K I E
                E Z G A J L R M E T O G I G A C J I
              O Z H F I M S T U T L T B P S P K X R V
              R X C S Q R A T O G I J C B X Z S Z F D S M
            T V K R I Y E N A U N L L L O L K Z E A B P S N
          Z A X M X Y L I I M B I A L K O W M Y I R Z E G A
          F T R H A Z W B P O P T B I O Y W M K R T P U I E A
        B L T Q I M G L P U N Y S G K Y K U C W D Z O X M N Z O
        T B J E P U Y Z V L V P O L S P N N T O B G H Q E M E E
      W M W S O R K C X S A A D H U G V E L Q G N F C U E O V A J
      A K I J Q G Q S C Z T O Z G E N E X M V C T T Q N V K N O Y
      K Y T U O M V I W X I K J L V I R B Z Z M D H A Y R L T X B
      A H H S E W V C G Q O C U A I P E I F R V N F G C D R S W B
      H B H O N C S W K J N S W N T O H T G J G F G G G T U Z H A
      Y C O M F S T P N Z M F I O C C E R B Z K T D X W T J P S I
      V H L J A B O T O G E N E I A U I D U L L B O R I N G M N A
      B J D F V K N Y Z M T U R T E W E U Z P X S M F D X W D P G
      E K S D E Y E E F D H W K O R D V M P B J H H I P Y I Q X Y
      M B U C P R F H O D O V D M N C J Y I F E B K A Y F Y V Y L
        D P F T Q A C O P D K H E O G G X J N J O P P F B I O F
        H P B X V C E V O R R Z N N D D U Y Z I D D E T M B S N
          L R U P E W G U Z M X U Z R Q G N Q Y M R T K N T A
          Y W H B D E B A N B B J X N E O P V I E I K E Q E R
            H X J Y X X I G Z B L G T G L O Q N B E Z J U F
              A S W I C G O N L Y A Y P R U C E V D Q E W
                N I O E A P G E R H F I A E X C B X E X
                Q B P U X X T S H P J X F X N C R R
                  B B U S R R I T O I S N E H
                    N U W A X D Q C K G
```

Harem Closet

CALL-LIST
CHOICES
EGO-STROKING
EXES
GROUPIE
INFIDELITY
JUGGLE-VICTIMS
MULTIPLE-PARTNERS
NARCISSISTIC-SUPPLY
NON-COMMITTAL
POLYGAMOUS
SECRET-CHEATER
TRIANGULATION

```
                              S
                              G
                        X  C  B
                        F  Z  N
                        X  N  G
                     L  S  A  S  J
                     F  R  R  J  S
                     N  E  C  U  S
                  D  L  N  I  G  F  T
                  D  A  T  S  G  N  Z
                  C  T  R  S  L  O  A
M  Z  S  R  A  H  Z  Z  B  H  V  H  T  A  I  E  I  E  K  Y  P  Q  H  N  A  G  J  J  X
   D  M  U  E  R  E  Q  D  A  K  U  I  P  S  V  T  I  E  I  P  U  O  R  G  A  X  D
      N  O  T  Q  N  D  S  R  E  M  E  T  I  A  N  T  G  Z  Z  M  F  S  K
      R  M  A  T  K  D  P  H  M  L  I  C  L  F  S  N  H  E  S  C  Z
      S  A  E  T  Q  E  V  O  P  C  T  U  I  I  I  Z  H  F  X
         G  H  O  C  H  C  I  S  I  G  D  L  K  T  F
         Y  C  D  Q  N  T  U  M  N  E  L  O  B
         L  T  O  O  L  P  S  A  L  L  R
         F  O  E  N  U  P  P  I  I  A  T
         X  N  P  R  M  L  U  R  T  C  S
         A  X  J  U  J  C  Y  E  T  Y  A  O  R
         T  I  L  T  S  U  E  R  E  S  C  G  U
         S  S  S  E  Y  G     S  O  A  H  E  U
         R  F  E  C  N  Z           Y  Q  V  W  F  I
         R  X  I  I  D              P  Z  H  O  M
         E  O  F                    Z  V  Z
      U  H  B                       U  P  Y
      C  D                          I  Y
      K                             Q
```

Healing Journey

AVOID-EMOTIONAL-TRIGGERS
BE-DISCERNING
DO-THE-INNER-WORK
GET-SUPPORT
PROCESS
PURSUE-YOUR-PASSIONS
RECLAIM-YOUR-LIFE
RESEARCH
SELF-LOVE-CARE
SET-HEALTHY-BOUNDARIES
TRAUMA-RECOVERY
UNDERSTAND-ABUSERS
VOICES-MATTER

```
        Q H E Y T E B B          W I Y R P W E S
        T U X T B B J F X D       T E M O P P T R B Z
        S Y L Z Q M H W H Q E     F B S X U Y H R A D S
    L D     F W G Z I Z G W Z B   X L U G F C T O C N   G Q
  J U G J   O G O H P D D C S     G X U S X D N P E   A H S E
  Y R E V O C E R A M U A R T     C X Q X D X G P V Q V H S N
  L R E T T A M S E C I O V R     Q D V H X C C U O C F T E Z
  H D F Z U F S W X V P Q X Y     Z X W T U Y X S L E P A C Y
  V Z F U A E W J A S U R D N     A X S S K L R T F P O M O X
  J H E P B Y F N V P R T M B     X L E W L A I E L M W D R T
  Z G E G N I N R E C S I D E B   M H I P K X G G E L E B P G
  X Y S S K X Q Q K D U D T F M   K V R M O P C Y S R D L Y M
    Y R A J A V O I D E M O T I O N A L T R I G G E R S V
    F F B N G A Y V Y A A N D O S D S C E G O F Z R W
              O X N Z G O D N O
    X M J S W H K G U H M Y M D G U P O H M B X A O V
    N X F A A L U X T R E F I L R U O Y M I A L C E R U H
  F P J Q S G D D J Q P W U S A O O B A E E S B S U L L P W
  U N D E R S T A N D A B U S E R S Y J M R F C V Y O Q R T
  I N A U T A R K P R S V E L   G D H R V D R U W P O O I C
  K T U R E S U F Y E S R D A   D O T H E I N N E R W O R K
  A U Y V Q T X I J S I T P B   C L L N W B D B I U G L W O
  J H G J F G K P P E O C A S   T Q A E S E J T P E Q X A I
  C J O N H H Q M A A N B K I   I K E Q P M Z M P W Z P Q R
  Q Z A Y   W K X S R S F T B   G D H R W V B R N   Y B P M
    C G   Q M S X N C D A S Z   N F T I J I E E M U   C B
      I Z M S I S H L I I P     T U E P F I I S N R S
      W V H H R F K E T B       H S M S I D Y R T L
      I V F T I W R L           S Q R R P G Y S
```

Hoovering

COMEBACK-PROMISES
DON'T-FALL-FOR-IT
FORGIVE-AND-FORGET
LATHER-RINSE-REPEAT
LOVE-BOMBED
LURE-YOU-IN
MANIPULATIVE-TACTIC
NARCISSISTIC-SUPPLY
REKINDLED-ROMANCE
RELATIONSHIP-REENGAGING
RETURN-AGAIN
SUCK-YOU-BACK-UP
TARGETED-VICTIM

```
                              R
                            R L L
                          K D A U V
                        L I W Y Z E J
                      R R S C K H G H C
                    J E M E B X P R L Z Q
                  E T R X H L E B D F L M V
                V U N Z A R R H D X S D I X O
              L R B L J X C O R A L V E V O O N
            J N M R L U G J T L I D L C I S G U R
          F A F S Z T Z M I T C I V D E T E G R A T
        Y G U X A Y Z F O R G I V E A N D F O R G E T
      J A O G N I G A G N E E R P I H S N O I T A L E R
    O I Y G D B A O J K M S U C K Y O U B A C K U P O F W
  P N N O Z R M S X M Q F T A E P E R E S N I R R E H T A L
    W E F A          V L A O N          J E M K
    C X F W          F L P B K          V B P R
    O E S L          Z N X Q X          U V D E
    M F M X          G X R Y H          J C Q K
    E P M M          Y L E D M          A L O I
    B R S D E B M O B E V O L K O F D E S X N
    A A W K V Q Y H E S T Y U F R U L Z J E D
    C M A N I P U L A T I V E T A C T I C O L
    K F N A R C I S S I S T I C S U P P L Y E
    P P O X          B C O T F Q E M H N I X D
    R L L W          P M H C E A N I Q X S S R
    O E M L          K Y F V Q U          O J O
    M S Z R          J B T Y L H          X X M
    I A Y S          U T Z N P H          S W A
    S Z L D H K Y M Y H C D E S          A T N
    E Z X E Y B T I M D D E B W      T   G S C
    S L X F K Z W Z U G N B E I          Z P E
    T I R O F L L A F T N O D F          F Z Q
    Z N I U O Y E R U L G B N J          S Q D
    Y J I C N O T Q X H Y H V O          P U C
```

Independent Thinker Phenomenon

ALIENATED-CHILDREN
BRAINWASHED
CHILD-ABUSE
ESTRANGED
FALSE-NARRATIVE
INFLUENCED
KIDNAPPED-MIND
PARENTAL-ALIENATION
PATTERN
RESISTANCE
STOCKHOLM-SYNDROME
TARGETED-PARENT
TAUGHT-TO-HATE

```
                                    Z T
                                    X R
                                    E Q
      N J                           A K                        K
        E G                   N P C Q D I                    E V
          F G         U T T A K H M E E S J          E F
            Z S Z U S N P R Q E I J G P N E     D O
              B B P R E Z E N S P L Q N F Q C U
              T N R X D R E N E D U G D V A S Z
              A C E F Y D V T M J J V D A M R L B
            G U M S I Y L I A O I L O Q I B J T N
            O G X I F A I T L R B P E C S F U F S C
            Y H T S B F H A A D T S G Z F C Q S M E
    U Y N J M T M T R G C R L N N K N J U T N P E Q T F Q G
    G J O V R T A A A Y D R I Y E K I D N A P P E D M I N D
            F O N N I C E A E S R S N N E E E P J D
            U H G C N K T N N M A W F L S B T T N W
            Q A H E W D A E A L P M L Y A X M L O
            T U B A L N S T O D E U N P L W P F
            E R Y S G E L I H E W E G U A Y O
            H I Y H F I A O K T J N C D Y T T
          T J     K E W L F N C E Q C C G W    T N
        I E         D P A H F O G O E L L          E P
      V K                   A A T R Y D                R F
      S                       S A                        N Y
                              H T
                              N M
                              N L
```

Ineffective Counsel

CROOK
DEPOSITION-SCAM
DIVORCE-LAWYER
EX-PARTE-COMMUNICATIONS
EXTORTION
FORCING-YOU-TO-SIGN
HIDDEN-FEES
INCOMPETENT
LYING-DISHONEST
OVER-CHARGING
UNETHICAL-LEGAL-ABUSE
UNKEPT-PROMISES
VAGUE-WORDING

```
                              N G Q C A B Y I D Z I S C
                        M E I P K R K A T E G T R
                  L O E O X W L J Q N I K A
              V N D Y S V P C O I F U V
              Y Y E E Y U E A I J R I B
            R U N H M G B R R X P D T
          K H Y G O A C A C T Y B Z
          T G G I K C K L H E K G
        C S N X S I S C A A C U X
        R E I A O N N C G R O G
      G E N D J T C O S E G M C
      K O O R C U O I E L I M J
      T N H O E O M T E L N U
      J X S W G Y P I F A G N
      L S I E A G E S N C T I
      C H D U N N T O E I O C
      Y V G G E I E P D H G A
      K J N A B C N E D T Z T
      O T I V O R T D I E B I B
      R Q Y D T O Z I H N A O N
        Z L J K F Q U T U G N Y
      E X T O R T I O N Q S U X
        I G C X O A H C X C U R L
        R E Y W A L E C R O V I D
      W B O Z Z F P K Y S U T S
        I N N G C X T P O X U K M
        F N L L O F R K F R J P H N
          S E S I M O R P T P E K N U
          N K F D W Q L T K B U D D
            N G H R A B F C O Q X S O
```

Infidelity

BETRAYAL
CHEATER
DECEITFUL
DISHONESTY
DISHONORABLE-CHARACTER
EXTRAMARITAL-AFFAIRS
MISTRUST
MULTIPLE-RELATIONSHIPS
NOT-LOYAL
PLAYER
SECRET-AGENT-MAN
SIDELINER
UNFAITHFUL

```
J D S H S P S S K O N X T N X C I K M L B T R Y U L Q Y V Y
K Q I T U C P A R F H G K T V D S J I T E G T S N P T F L E
G A J J F T I D K P K N K X A S G W S P E U Z V G H V H X S
F A I U D Z H Z F D D M R Z J S B Q K D I Q L U A U O D V C
D V M U U I S E U E M M P S C M I S T R U S T C Y R N U L G
X F C V Z C N R L V H W M E L C F L B X N T F I E J N Y F K
M K T Z X C O H U T Q P R C R K X B R W P U Y T C L R G X T
V I B I Q P I P Q N G E V R V T I B U B U Z A Z J G Q Z D B
P Y U R R U T G Y T N N P E L C X Z D J R E L P V A A W I J
U Q X D K R A X N P A G S T L U P L O E H D J M V I S X S R
A V E D N B L O O Z R H G A F J F C D C T P T O V E D O H I
X A J X U K E C V Y H S F G W F T T Q G Z Q E G X F Q Z O K
H G B D S J R O U E J C H E X X Z B I S A X P Q L A E X N U
Z Y F B A V E A K Y Z K B N U Z H N V E S I O P U K X X O N
W K D Q T D L U B D T G B T Q V K M A L C Z N V G X F K R F
O N K T W L P Z F T Q I C M R D Z W N T E E J T Y T L Y A A
X R W N I A I Y C T U H I A I E Z B U L C F D F H U J Q B I
O I L E Q Y T Q T I O F D N E G L O D Z I N E A A V R V L T
M B O S V A L T N C K T N J L C G U S E H W C Q Z S S X E H
R Q M W W R U E Z C M A W A R W L Q W Y X P M A P S I A C F
U Y X J M T M D Q D A Q L A P L J F B O L A Y O L T O N H U
G F G Y W E K M W Z F Y M L E G O I T T A S Z Y M K P U A L
H O R P D B C E W T A G L I U S E C B H T K J T L U L P R L
Z V B Z D Z R P F A I I S M Y K D Y I T F H O P M U L H A A
N E X X P Q H U H O N H H K W R P B Y S R Q G D R A F P C D
C J W S I D E L I N E R D A D I S H O N E S T Y Y U M B T Z
K O V U V L E S G H N Y O X K Q P Q L V I M J E L J M N E E
N A A D F A I H C O V W D N T A J D I A J P R A A A G L R S
H I C C E C C J S R I A F F A L A T I R A M A R T X E D E X
O D B R V E A U S Z T P K A P M E L E G J I H Q K J S J R T
```

Intergenerational Family Trauma

ABANDONMENT-WOUNDS
ABUSE-CYCLE
CONNECT-THE-DOTS
DOMESTIC-VIOLENCE
FAMILIAL-SECRETS
FAMILY-DYNAMIC
GENERATIONS
LEARNED-BEHAVIOR
MODELING
PASSING-IT-ON
PUT-THE-PUZZLE-TOGETHER
REPEATED-PATTERNS
RETRAUMATIZE

```
        G R J I R K                      P Y V X Y D
        Y X R L L R Y R                  V A L F U Q U Z
      A C O R G O E H N W                K G F U S D E S E X
    N B A D S M X M I T B X              W R T X W V J L V Z D L
    Q Z A T S Q P T I Q X A B          N K S I J G M Z D S I P U
  F C T H S Y E K I L Y D A J U     P X O V X Y L R U E N T U E F
  K B Y S T H C V D C B C L E A R N E D B E H A V I O R A Z G N
  R E H T E G O T E L Z Z U P E H T T U P K F L D A O E M S U W
  L Y N S R U L M T C W P M Z N P E H N X S R P B G I T U U E T
  G V J W C A B U S E C Y C L E I Z D S W I S A C M T T A O A V
  B O E V E S O S N O T I G N I S S A P O C N R N P M A R P I W
  W Z H L S C Y D T E O I P C D T B J U I D O C U U V P T X Z A
    N A N L F O Q R O I U F F T N A X M O K I O U V V D E H W
    P R A A M D Q A A D J L O F X G A N O K T B H V J E R O E
    R C E I C P N L H O E M V X Q N M I T I A T P Q U T T C P
    Q T L R H A P N F O H O M Y E D R C M R O R V O A N F
    Y G I I M J Y U J D N T D N W Z X H E E K H Q R E Q E
    A M M P F J J B X G Y T E R I W H X N R K E L P I
    J A J F L I F H H L W U C L Q S R D E Q M O F E N
    F J L I L N I I O F F I E I N G B G G I K A R
      U Y O H O M U X M W C G N N M D E V L F H
        Q D Z A N M R F S C S Y N G R C X F C
        D R F D V E Y L F A O N G O I W U F K
          H S P V Q S C J M M Z A T C M R X
            S T M S I Q J E D P S E C Z Y
            D B O J F X H T E A G M O
            W T P S F V M X F A T
              O K O O L X C
              V D H R X
              L U H
              Q
```

Isolation

CALCULATED-STRATEGY
COERCIVE-CONTROL
GASLIGHTING
INVALIDATION
LOSS-OF-SUPPORT-SYSTEM
MARGINALIZATION
SHAME-SHIFTING
SHATTERED-DREAMS
SILENCED-VOICE
SMEAR-CAMPAIGN
TOXIC-RELATIONSHIP
VICTIM
WITHHOLDING

```
                            E
                          X Q T
                        C M V N H
                      Y A F E Q R J
                    V M S S J F S V C
                  B Z T E J G T Q M V F
                Q O K E W J Z A V G E H Q
              Y U H J Z B Z Y O D Z Z A L I
            G N I D L O H H T I W W J S R M X
          Y N P G N I T H G I L S A G C L C H M
        M A R G I N A L I Z A T I O N A P M A V E
      Z M U Y W O T M Q I U Q U K W Z N E S H M I S
    V R Y M E T S Y S T R O P P U S F O S S O L P C H
  M L E C A L C U L A T E D S T R A T E G Y J S K A T M
F E L J F A C O E R C I V E C O N T R O L D D E Z P I I R
U Z X J U N I T R T I O F Y K R T U S K A E B R G Z V K G M W
  T D O D Q C K H K V T B H S M A E R D D E R E T T A H S N
  T N A W W S Q E O I R X H V S I L E N C E D V O I C E
    P I H S N O I T A L E R C I X O T I J V A H T M C
      J I X G Y X W E A A U X B K D F U F X D R K S
        E A Z N O I T A D I L A V N I A I R C C B
          T F I D B Z B Q E S I S Q K W A I I U
            G N I T F I H S E M A H S S F N X
              X H M O A U R I A N L E I K J
                K D T P F P X K Z S V U I
                  L F Q V I S T R J F T
                    V Y U C W R V O B
                      W C P C M V S
                        U E R Z C
                          V W M
                            C
```

29

Juggling Supply

DISHONEST
EGO-VALIDATION
EMBEDDED-PASSWORDS
ENERGY-VAMPIRE
GRATIFICATION
HAREM-CLOSET
JUGGLING-ACT
MULTIPLE-LOVERS
OLD-NEW-PARTNERS
PRIMARY-GRADE-A-SUPPLY
SECRET-AGENT-MAN
TARGETED-PAYMENT
TRIANGULATION

```
            L M U A V B S S F Z
          P Z M G M Y S H N O F O Q S
        D U Y H R Q U Q W L X T T Y W D E G
      G O B W O K Z X V O D P P T G X X N L B
    A Y K C W Q G W H I U A G V J C G C E M C N
  I C E H K Y O A Q T F B J E X S T N D R N F Z O
E F E T K T A A I P Q C V N D L P O W I G A P N I
V C O O O L Z U F R K N O N O Z I X A P Y X X K T I
J K J R P G Q Y I N R G I T I I T W A Z O V S W R O Z Z
N T N W W R T G B O K T U M L A A L P I V A R T A O U U
M D D X S W F J C U J A V X F D J R Q R M U M E N B X X W W
R D L I Q Y W P T E C R D X I S R A P I C L P V E R I X J R
E D L Z S Q J B K I E T D L G D R Z D M G S I O M N A V U H
Y M C H H H X L F P F D A R T R P M H A A J R L Y A P N G G
J X Z C F L O I T O P V P F U O C O A R G N E E A C B W G O
Y I M I M O T N Q C O T X L V W G L R Y C O F L P P Q Z L O
O V A S N A N V E G K U T A O S F D E G K I H P D Z I P I B
G V O X R F T M E S W Z V C F S N N M R T T C I E W V L N X
H M J G Z R Q I P B T Z C L P A O E C A T A W T T H Q U G E
V M U C I H T N D H G X X Z Q P X W L D A L R L E N A A A Z
  E I M N Q Y R M N D W K S F D Y P O E N U X U G J W Y C
  A C N A M T N E G A T E R C E S A S A W G X M R Z O V T
    D Z W R B J U J C M G V O D K R E S G N Q O A D J X
    Z L I O Y K Y Y L E U O M D A T T U S A G F T Z X Q
      D W F Q K H S F K T D G E B N Q P N I P W G O A
      C A Z N M Z I T A L M B K E U P W R I W R I
        R H O I H L R C M U M Q R X L D T X O S
        R X X K I X X G W E M S U Y N K G A
          D R B I A A O Q W F Q Z N I
          H A S Z F D Q T H H
```

Love Bombing ────────────────────────

ABUSE-PHASE
ADMIRATION-ATTENTION
EXCESSIVE-COMPLIMENTS
GATHERING-INTEL
GIFTS-SHOWERED
GROOMING
LYING-TACTIC
MIRRORING
OVER-THE-TOP
PEDASTAL-PRAISE
SEDUCTION
SOULMATE-CLAIM
TOO-GOOD-TO-BE-TRUE

```
                            L
                            Y
                      M I J
                      G N A
                      N G A
                    X I T Q I
                    O M A O U
                    X O C Z P
                  P C O T I H A
                  V P R I Z N K
                  T E G C J S C
G W E O M E X C E S S I V E C O M P L I M E N T S U O P I
  N G S H A D M I R A T I O N A T T E N T I O N N V N U
    G A R F P E S I A R P L A T S A D E P Z Q E D
    Z H L E T N I G N I R E H T A G S K D R Q
    B P E E U R T E B O T D O O G O O T F
      E F G N I R O R R I M G S Q H
      S P S V H Q X D H I O T E
      U F N I Y I J F U V T
      B B A D Q H T L K O O
      R W A E O S M F P D V
    T E C L S S A E Z N X F E
    N O W V H T O Y D V A Q X
    L N B O E J   R K U E X Q
  L G X W C M       Q E C Z O R
  H R E L O           F V T C L
  N R A                 T I E
F E I                   I O A
D M                       N N
V                           A
```

Machiavellianism

CORRUPT
CUNNING-CON
DOMINEERING
EGOCENTRIC
EVIL-CHARLATAN
EXPANSIVE-POSTURE
IMMORAL
MALIGNANT
POMPOUS-PINK CLOUD
SELF-INTERESTED
SHAMELESS
UNSCRUPULOUS
VULGAR

```
          R H V F I L V Z            T U O F N Q S V
        I T R D Q M I Z I N          Q S B Y S S O Y Y D
      H X K I X M Y Q N X X        D K O L Q I D Y A U Q
    O T   I M W J O W V M J I      J O Q T P U R R O C   U O
  W U S X   G O P R N F P K C      D G M I S R Y L I   R Y P S
  S W B A G P K R A G L U V B      Y N U I Q J C N M E G U G I
  I C N O D H P C L S G J D K      Y S C S N K L L F R U C A V
  C X B J V J I Y D U M C E C      L L E U N E D U S P B P W R
  K G Y N C V Z M S D A I A G      Y X W I U C E P A M U Z D G
  X F C Q F B K K F J O D P C      P X P P I M V R P B N O X V
  C O O R L E T K A A K V K F A N S S R A N T H I M I V W G
  L V Q Z H M Q H O Z K A Z N A U U T L V Y D O S N Y T P S
    X F O B N J N L G Y X S L O O N I M Z N M M Q Y G W D
      J T M C D F H D A I W P L E G J M G Y O V T X I Z
            V D M U C N O M C
      N X S E P R O E U O P O A A A L N U S K L M T K Z
  B H Z S M E K P O P U G N T T G L H J E J K H S L N Q
  C U I B G W E O Z N R E T T N A E C Q P L K S K Z S E C Y
  R U U F M Y S L D C T G S P F L P G Q X F F R B L I H T R
  R Z N R R T Z V S U C S R C      R W E T F I J J E A B Q P O
  Z O G N U M Y N Q X E M H Z      A Z V M U N I W K K O T S V
  W N A R I T U W N L D H Z W      H G H R B T G L X E W T F G
  Q X E Y M N T E E N T B T L      C I B Y I E S Z Z C T P A H
  L Z C D H Y G M L T U X G V      L K A U A R O W W Y P F L O
  B Y R C   T A C O X U R S K      I B X I E E Q T R   B R J V
    X A   L H T Y O D Z W L V      V J J S V S A V B I   N G
        S S U D B T N C F X S      E Y R N I T I T C B O
        V I U J O J Z J M Q        H U S Z E A D T F V
          G B D R A V M V          I H L D T U I W
```

Mask Slips

BETRAYAL
CONFESSION
DECEIT
DISGUISE
EVENTUALLY-HAPPENS
EXPOSED
FALSE-IMAGE
FOOLED-EVERYONE
LIGHTBULB-MOMENT
MASQUERADE
OZ'S-CURTAIN
TRUE-COLORS
TRUTH-REVEALED

```
                              N
                            M O X
                          J E B I H
                        A T W X J E F
                      H H U B W E A H A
                    O E X J E P K K Z Q L
                  B D P A V S X O G B E X S
                E A A Y E W G L P F N B S U E
              R R H C Q B O V L Z O B D I H S I
            V E G R U L M F R J F B S H X P L G M
          I U X W R J R X M S T U N O E K Q M Y V A
        E Q A P E T S H B Z H Y X X K O D U Y B H R G
      P S J B C E V E N T U A L L Y H A P P E N S Q E E
    C A Q P D F H V P E R I S L D C M N Y F Y K C L L U A
  Z M J O Z H R V Y X Z J D E L A E V E R H T U R T H M K X
      P W L P           L T U D F           F Q D O
      R Q J T           T N G N B           A F H L
      S M R R           W E N I B           A S W C
      Z K K U           U M F A A           F U O V
      M P W E           F O H T V           J N J L
      T I E C E D G J L M X R L K T L R F M U T
      M E A O W P J F K B I U T T I Y E Q Z P N
      C N S L K U R G X L N C C S L S Z P E V O
      M O P O X K B L L U O S O P S C I T S J H
      X Y X R           T B W Z W I P S L O I F J
      Q R E S           F T W O O I J U D F U E K
      E E Z H           I H S N Z G           G R X
      X V F K           Q G A H Y H           S L S
      M E T Z           G I H H X H           I Y F
      Z D E E E U Q P L Y V C U           D Y N
      B E T R A Y A L U I G M O E       M   G G M
      A L X C P F A R M I J O X I           W O P
      M O H M X O Q B K L C Z X V           N Z F
      M O S X Z Q A X P M M O H E           F D O
      M F J A Z Y E P E M X W C Z           P X A
```

33

Milestones Missed

BIRTHDAY
CELEBRATIONS
EVERYDAY-EVENTS
FUNERAL
GRADUATION
HOLIDAY
IMPORTANT-DATES
LOST-DECADES
PROM
SCHOOL-ACTIVITIES
SHUNNED
WEDDING
YOUR-CHILD'S-FIRSTS

```
                              H K
                              K C
                              F E
        O M                   U L                           S
          W F           I K N E A C                       E E
            P J       M W M L E B D J B R S           I G
              J U S G M F G N R R E X L F T C     T Z
                Y E U Y N J K A A N E Y Y S X I P
              D I T A I B O B L T N I U N R V H
              X E A D S R D R Q I U X V A I M H C
            M B C D G T Y J B L O H L J T F M Y K
            F K E T L N T B A M N S W C C S J K C B
            Q W A N O E N Z Q O S J A B B D Z Z I I
    F P J I V P W A S V A R B K H L D F V L T R B R T L B N
  C J Q J D P V T T E X R N K O R Q H A I T A A U Q W U B
            E U O R D Y Y U I O W A O W C H P R I K
            P V F O E A U X H O P L B G D C E A F T
            F R M P C D C C N H I M G A B R D S F
              M C M A Y S W A D R Z Y H Z U W V S
              K X I D R P L A A P R O M T O S Q
              M H W E E E Y Q D C R T J J Y K C
          W J     D S V N O I T A U D A R G     A F
        I W       J E T F B T W H F V H       Z Q
      S Q               P T M T U W           W F
      F                 C U                   X C
                        B Q
                        S V
                        V O
```

Mirroring

DOUBLE-LIFE
FALSE-MASK
FUTURE-FAKING
GRADE-A-SUPPLY
HIDDEN-AGENDA
IGNORE-RED-FLAGS
IMITATING-OBSESSION
LOVE-BOMB
MACHIAVELLIAN-STRATEGY
MANIPULATION-TACTIC
POSTURING-PROJECTION
VIRTUE-SIGNAL
WEB-OF-LIES

```
                              G W A B F Z N B E W G I Y
                        G N I K A F E R U T U F R
                  P F A L S E M A S K N O E
              C P Z G D H Q D P F B M D
          O W Y R C G F M S U I X Z
        F U N G I S X Y Q B C Z U
      J U W O E M G D G M V Z G
      U F A I T I A A K O E Y
    G G S Q T A T L H A H W H
    R Y G O C R A F I I L J
  V A P A E E T T D D D X X
  U D W C V J S I E D W M U
  L E E L L O N N R E Q A
  O A B D X R A G E N J N
  V S O O H P I O R A O I
  E U F U B G L B O G U P
  B P L B X N L S N E G U
  O P I L Q I E E G N Q L
  M L E E F R V S I D B A K
  B Y S L W U A S T A L T B
  Y S I Z T I I S S C I P
  T P F C S H O F K R O Y M
    D E R O C N O Q S N M P V
    Z B W P A M T T S T G X K
      F K C M U N P B A O Q I G
      F V T T M H W C Q U C B M
      Z C D S X C T R O M A U D J
        A H P U I H L N U E V A P D
          X C J R N W P U N A P L E
            K L A N G I S E U T R I V
```

Moving The Goalposts

ALTERING-CONDITIONS
CHANGE-RULES-MIDSTREAM
DISAPPOINTMENT
EXPECTATIONS-CONTINUED
LET-DOWN
NEVER-ENOUGH
ON-THE-CUSP
SETBACK
STRIVING-YET-LOSING
TRY-HARDER
UNACHIEVABLE-REWARD
UNMET-GOALS
UNSUCCESSFUL

```
L X M F H Z L Y A A R Y Z J F S F H R K W S S E P U U R U Y
C S M K G F N H S T W T G J R F X H K T Q G Z J R A V V V U
F M G M K T R Y H A R D E R P S B X F F M N W O D T E L X G
V K E R N T N P F P R A W Y C R D L M H T X I B L K X I K S
S R C C D E E G R J Y V N M R N C J L O E O F K P A K E L J
W P P I E D I T N E M T N I O P P A S I D Z D M D V K S X T
P S K L V G E M H U N A C H I E V A B L E R E W A R D R C U
K Z E P O N T H E C U S P E B L U I I H J U R B V Z F G N O
M G A J V J D V P F X Z I H N A U U P M G Z C S Z U Y M R D
P B E P C R D E N K E Z H V J X L F W C L J S V A Z E T Y K
G W R G Y R O T K Y X X A B K F Q Q S C U Z D K V T W I J R
E X P E C T A T I O N S C O N T I N U E D A I J G Z C V A D
Q M F J N L F F O V M F D P X Y X C X A C D G O B C F I U A
O C Z P K L X Q N R X Y R G C E K E Q X W C A B P B L P B L
I I I W Y E G A K Z I G D K J R N O W J E L U K X E Q N V T
R M F K S P C K T I D J Q E J B L Q L C S I V S W R X A F E
E F W A M X E J D H P S Q C S Q U Y L X R M Y D N Z Y D V R
U I C H A N G E R U L E S M I D S T R E A M C U H U E B T I
Z C L O C V F A Z R H I W B A J X J S U F R H B Y F D G V N
N H P B N H W Z Y D X J T E R N Z D F S P W A X I Z W R Y G
H N B D K N M G N I S O L T E Y G N I V I R T S N H M N I C
K B L X K Y A M U O T Q C E T T Y R B Q C C E L F C Z O B O
E N E V E R E N O U G H P W Q Q L J Q Y K P L T W N Q N Y N
X W O Q U A V J Z L Q Y I U N Y Y Z H R W P H P J L F A A D
S E T B A C K C C X T T E H O A T Z B D F F W J P F D N S I
W K D E Q M W R Q E D S U H O S M P X S I O Z Y V X H N H T
J I I F N Y W I L D U J T Q F B I Y F T O R R H K G X V Y I
C D F E C P R F X Q G C N F I A C V I P D M G J S C L M L O
C R E K O R D Y V Y L U P I Q G O Q J P E L A H F O P Y G N
Q D N B N U J U M S R K R A D M N B I H X V N A D C C H R S
```

Narcissist

ALL-ABOUT-ME
ARROGANT-ABUSER
COVERT-OVERT
GRANDIOSE-VULNERABLE
INFLATED-EGO
LACK-OF-EMPATHY
LOW-MID-HIGH-RANGE
MALIGNANT-MALEVOLENT
NAIVE-OR-AGING
RELIGIOUS-SPIRITUAL
SELF-ABSORBED
SUPERIORITY-COMPLEX
UNDIAGNOSED

```
        Y H G Z I L                      G W O R F E
      L I J O E H P V                  M V O L G H T J
    V M Y J X Z T F J B              A I D N L G G I Z F
    T K Q R O L V I A A W N          A P D B Z W R P N U Y S
    A J Y K C R R U V P E W B        D I R J J O A P N C G P O
  S L A C K O F E M P A T H Y D    I F L Q R Z N X Z T Q R Y U U
  H D H S K P Y M U N D I A G N O S E D V D D B A N K E D C H X
  E T L A U T I R I P S S U O I G I L E R I G Z E D I J B V V C
  G T Q R N A I V E O R A G I N G K D Z O Q Y L V G C A S G L R
  J X J S Q B T A Y K S B G H G S C Q S S D O E I I B Q T N E S
  D D D I V A R J C O Q F F D H N S E W I V R N Y G P X L S U B
  Z T I E Z L E M W G E Y D G Q K V B F E R F D G R M O U P C P
    Y E R P L V D H A G W P O V U G L L P L A L E B W B E J Y
    N G P H A O E L P A L X W L H H A A A Z G N A M A R E E J
    T M C O B T H J M Q N L N Q A M Q T D P S Y I T I R K B S
    Q U V O R R L E C H E H K T E E E P C J D N O S H T L
    L X P U E F R D D R S Y N Q D R O J N H A R E Y Z W H
    L B T V F O T A F V A K E M H J Z I G I L S L Q V
    X E M O C I B Q U N R G L G F Q G O T F L V E S E
    C E C D L R M G Z O L F H Z H R Y A C N V O S
    M F E P V I J H U K S M R R C B N R R B Z
    Q R U L K K G H W G A A O S N E U T C
    Y D A D B S A K I N R M O A L T I H O
    M S D F I H B G A P R D H G A X M
    P K S J A E A L B X I T S S J
    A K V R W E E A U E M A G
    G S C X D Q K F P M T
    I A V A Z M W
    L W O E D
    E G O
    U
```

Narcissistic Injury

ABANDONMENT
DISCARD
EGO
EXPOSED
HUMILIATION
IMPERFECT
NARCISSISTIC-SCAR
RAGE-REACTION
RESPONSE
SHAME
SLIGHTED
TRUTH-PREVAILS
WOUND

```
                        E
                     G  E  D
                  O  E  B  T  L
               I  T  T  M  M  N  P
            E  R  H  A  F  Z  O  E  G
         W  S  M  V  Y  W  R  Y  T  M  E
      M  O  W  D  C  E  I  Z  R  L  U  N  N
   X  P  X  N  X  I  Z  E  U  E  N  D  U  O  B
   J  K  R  U  L  L  N  I  M  J  S  A  S  Q  I  D  N
   R  G  L  O  V  V  M  I  D  Q  O  P  V  H  B  X  L  N  C
Z  P  I  W  J  P  N  U  P  O  N  X  O  I  A  X  F  P  H  A  T
I  N  O  I  T  C  A  E  R  E  G  A  R  N  Y  M  Y  Z  S  S  C  B  F
L  O  J  M  M  N  W  Z  V  D  Q  L  F  W  S  I  E  N  Y  L  K  F  I  A  E
E  L  U  W  J  X  H  I  Z  C  S  G  B  A  W  E  U  J  O  G  G  H  N  M  W  I  B
T  X  V  A  J  L  R  A  C  S  C  I  T  S  I  S  S  I  C  R  A  N  J  C  G  W  O  U  G
J  Y  V  D  X  I  D  X  R  X  N  Y  U  K  W  J  J  H  A  Q  H  D  Q  X  Z  S  L  O  O  T  U
M  Y  G  I  I  W  B  I  L  S  V  D  F  B  O  Q  K  Y  E  L  J  O  E  U  T  P  L  L  O
I  H  D  S  R  C  W  M  S  L  I  G  H  T  E  D  V  L  D  Q  T  R  E  K  Y  T  C
J  P  S  C  R  R  Z  J  W  B  S  O  S  A  G  Z  C  D  W  S  K  Z  R  P  I
W  H  F  A  S  Y  J  J  O  M  F  F  D  E  S  O  P  X  E  S  W  F  A
E  G  P  R  R  K  W  T  R  U  T  H  P  R  E  V  A  I  L  S  J
O  O  T  D  E  D  L  C  J  E  E  W  I  I  R  K  O  Y  U
V  E  U  F  N  O  I  T  A  I  L  I  M  U  H  Z  L
I  P  R  Y  R  F  L  O  P  I  M  B  E  F  V
L  T  C  E  F  R  E  P  M  I  S  W  A
B  S  R  R  V  K  B  H  T  D  B
H  P  J  P  M  K  C  U  D
D  H  H  P  E  Q  C
X  X  K  W  V
X  C  V
U
```

Narcissistic Rage

ABUSIVE-OUTBURST
AGGRESIVE-VIOLENCE
ANGRY-RESPONSE
BAD-BEHAVIOR
BLOW-UP-YELLING
CHEAT-LIE-STEAL
DISPROPORTIONATE-REACTION
FEARFUL-NPD
FLY-OFF-THE-HANDLE
LASH-OUT
PUNISHMENT
TEMPER-TANTRUM
UNPROVOKED

```
                    A K Y E G X N L C O
                  O M I S K M V L Z F B V G L
                I Q E Z I K G B E M X Y X W J H A O
              U D H Z T N E M H S I N U P L N K N B G
            Z M Q O Z C N F T Y L B V B R Z N H O X D O
          O V B H V X Y Q I F V E U I U O D K H V S T R X
        O F E F E L D N A H E H T F F O Y L F A P F C X N
        W A E Z O P W Z T O Y C E O D K Q C G G Z K X M V O
      R E E K A Q F P O G S G L J C V S H J K A H B T Y I M W
      K S J U U R E Y A R K R P Y L R E I L Z F E G K U W P R
    B A N O U N Y F R L I V C U L F A S W A A I I N I W J J I D
    O Z O K U P W I U I B W Z L B T Y N E E F S W D T J B U I M
    F K P Z Z R I S I L M C V Y L T O Y C Z V Z H E R C O C R Y
    D T S Q Z O X O N W N U A I E X U S C Z W I H O W A V J X U
    L C E S G V M D L G Z P E Z F A O O D O X B M K U W Y D M I
    T M R B R O G Z W Y Q S D U B P Y C E D R T H T V T X H H Y
    W L Y U N K U S S Q T X N Y Y G U P G V I B H G U O X N G S
    H R R I C E S F F E L Y W X G Z X P D R I C M O J T W G X J
    L V G J U D T O A N B R O U S R L L U A C S V J Z S O I U K
    L M N L S U Q L U M K V C B W W J L H N R A U E N F F D W R
      C A X A A G G R E S I V E V I O L E N C E C B U U B N D
      D A Z X A M Z M L C C M Z T Q I A L J J I D F L A I W K M
        Y N M E F I B C N R O I V A H E B D A B B J U D V J
        B U G I V Z Y Z Y P H I E B L O W U P Y E L L I N G
          N O I T C A E R E T A N O I T R O P O R P S I D
            M U T F M P P R V N Z A M K G O C A Q W G X
            K F Z W J B N B A N D L A K C G A W R N
              U W N M W C Q N A K Q V J Y K I L R
                T E M P E R T A N T R U M P
                  B G T R F D M E O P
```

Parental Alienation

ALIGN-WITH-ABUSER
BRAINWASHED-CULT
CHILD-ABUSE
CUT-OFF-REJECTION
FALSE-ACCUSATIONS
INDEPENDENT-THINKER
LIES-HALF-TRUTHS
MANIPULATION
SEVER-TIES
SPLITTING
STOCKHOLM-SYNDROME
STOLEN-CHILDREN
TAUGHT-TO-HATE

```
                              N
                              S
                          T W Q
                          S A C
                          N L C
                        M O I U R
                        A I G T E
                        N T N O K
                      E I A W F N T
                      S P S I F I L
                      J U U T R H U
    A F C X S S C P B U P H L C H E T C F S E I T R E V E S A
    Z U H S T P M B T J J A C A J T D S T L H V U R K B O
      D I H O L S V C J T A B E N E T O A M F X X Z
        F L T C I I X Z I E U C E H A L N P N A R
        D D U K T F O O S S T D S U E X O O T
          A R H T T N L E I N A G N E M
          B T O I W A R O E W H C W
            U F L N F R N P N T H
            O S L M G Z R E I T I
            P Z E A S D Y D A O L
            I Q H K X H Y H N R H D Z
            T C S N N V S N I B A R Y
            L T D U Y H   E D G T E I
          E Y A V I O         I R E N Z Z
          Z F F G Y             L O Y C M
          C J R                   M Q Q
        D C B                       E F Q
        P G                         P G
        Q                             F
```

Projection

ACCUSATION
BLAME-SHIFTING
DISCOUNT
DISPARAGE
DISPLACEMENT
EXPOSE-FALSE-MASK
FALSE-ACCUSATIONS
INSULT-OTHERS
LYING-BULLY
MIRRORING
POINTING-FINGERS
PUT-OTHERS-DOWN
TELL-ON-THEMSELVES

```
        S P E Z R Y X M           D W I Y H X F H
      A T R Q U F X P L X         X C K Y L Y V Q C O
      S D O E D R E T L W W     Q I L K N L L R C L T
    E F   E I J G L C R B C T   A J K Z Q T L H L N   R A
  V E B U   V S F N H M Z J F   O E O T A A T U U   B Q N P
  Y Y Y V F Z L P A I W C P K   I P C Q B V Q O B B J W T X
  A K I C R G N E A L F V F G   U E W G T O C F W G N V P W
  Z F C G V M I Z S R S G S P   C Z E Z J S Y O N H N J T H
  P P H E N T S G B M A E N D   Q O H C I J U W Q X P I O Z
  A G Q C B I X T G L E G A I   F U R D C W E Q B X H D Y E
  T T Q Q P F R Z M E A H E C T D I S P L A C E M E N T A L
  L O U D F P G O K L L M T Z C N J L W Z N X R D I L Z H G
    K B N F F E Z R K L A E N U U I O P A E S O H E Q J S
      O H F T Y W K R C G Q S O M S O O Y L G P X A I Z
                I K K X H L P A P
      S Z K R S H T K I M R F W I L Y T G P K B F X J D
    W J H J L I R R E S X V Z Q K F E N I U U B D Q R N X
  N O E X P O S E F A L S E M A S K T T C O E K N N Q K I D
  M S K O F Y R F H S Q V Y Z Z T Y P I K K N J O L U R X G
  P U T O T H E R S D O W N F   W B I H N W H S Q Z A P G A
  S F X I B K H H J E O X R Y   N W T E G G M F T O S Z Z A
  K C M S D Y T H W S N V I U   N A S N O I T A S U C C A A
  N M A Q S F O N Y I G J V U   H J Q U Z K D H V H R L U Y
  L V X H O B T D X A J Y C O   T K R R W Y V G W V A Z N B
  M H D W   I L I M B V W R M   J E G I U F N M L   M N S Q
    F R   X Q U L M X S S I J   A R H M R A Q R O Q   G O
        U D G S Z W Y S B X R   M T N J M P V A W P D
        P H O N E W C E K X     I D I Q U B F P R B
          W I I G W G I C       F V C L P P P Y
```

Red Flags Ignored

ABUSIVE-BEHAVIOR
ALIAS
CONTROLLING
DEVALUE-DISTRUST
EMBEDDED-PASSWORDS
EXTREME-JEALOUSY
GASLIGHTING
ISOLATION
JUDGMENTAL
LONG-WORK-TRIPS
LOVE-BOMBING
MONEY-MANIPULATION
SECRET-STALKING

```
                        U
                      U B O
                    I X T D T
                  S C A E S A P
                H Y I V G B N Q J
              F K I B Q Y S Q F Y V
            C D T I M S K L G U Y Y K
          F R N J F O S I R E U N P F X
        D G W K K F D C O P K V S B X Q Z
      J W E X T R E M E J E A L O U S Y E R
    L A T N E M G D U J H S X I E R Y B Q Y Y
  N M S D R O W S S A P D E D D E B M E Q G O C
A H F S H S P I R T K R O W G N O L V J G N D J F
S E C R E T S T A L K I N G X O J G E L V L N Z Y B T
L Y R J A C B P O N Z C K L E F Q N W X N S V A H I Y U T
  D K N E         G T W Z I         Y J M T
  E Z E M         M E C L F         E J X I
  Q Z F D         Y W L P I         S N J A
  N Q Y E         I O V A H         S I P B
  O Q L V         R I W W L         W K S R
  I Y O A K B I T O Y F A F I K S T B J R Q
  T Y V L Z O N T I E W G E D A F I I X Z S
  A Q E U W O A U V J O V K D V S Q X E V R
  L L B E C H T H A P R K X H E E K N Y H W
  U F O D         H Y L J G X V F F Y E H J
  P N M I         E I D J A T A E K N N N J
  I G B S         B G X H S V         O X D
  N T I T         E Q R I L S         I Q O
  A C N R         V B I T I D         T Q N
  M V G U Z I C A I B N Y G E         A P T
  Y W H S D W V X S N E Y H A     A   L T R
  E M U T R N N Q U R F N T C         O M T
  N B E N G L A R B N A J I R         S V J
  O X M B K Y V S A K Q R N T         I L M
  M A I E M A I I P B J K G A         Z A Z
```

Scapegoat Child

ABUSED
BLAMED
COMPETITION
CURSED
DISPLACED
DYSFUNCTION
FAMILY-DYNAMIC
PROBLEM-CHILD
PROJECT-ANGER
RELATIONSHIP
SEVERE-NPD-PARENT
SHAMED-SILENCED
TRIANGULATE

```
                               E F
                               I F
                               S E
     J Y                       H F                         X
       G Y               D T K R F S                     T M
         G I         A E K J Z Q E P X C J         N R
           P X F C P I T B N A U T D T U R   O X
             E S H A M E D S I L E N C E D C Z
             K E E S K P R O J E C T A N G E R
             C D A U Y I Q Y Q A H G D Q P L E C
           O U L Y B R B D O L O S H E A F H W L
           M R I K T U U E P R E C E E T L R H V F
           Z S H J Y A S S K V F U U M B L A M E D
   T Z T S O E C D N W I E F A M I L Y D Y N A M I C N E I
   R L S N Z D M J U D C T D M P Z E R I H B R V P O Q T G
           E Z E S E V E R E N P D P A R E N T R I
           I W L Y K R E L A T I O N S H I P V T P
           S R B M T Q U O R O Q Z D J K H M C W
           K O Z C O M P E T I T I O N Y N J J
           U R N T R I A N G U L A T E U X F
           C P F C S D Z I V Z X P G F R V R
       H K   L Z G G A O Z D L D S X C   N D
         S O         T N F C X T M P Y T O       B V
       K S             I G F M D C               O F
         J                 Y C                     R D
                           E L
                           Z U
                           Z X
```

43

Secret Agent Man

ABUSE-DECEIVE
ALIASES
CALCULATING
CHEATER
CONFESSIONS
DISHONEST
DOUBLE-LIFE
EMBEDDED-PASSWORDS
FALSE-PUBLIC-IMAGE
MANIPULATIVE
MASK-SLIPS
PRIVATE-SECRETS
THIEF

```
                              E O V D O U B L E L I F E
                        Q I Z O C R N Q Q L V M V
                  H D X S P I L S K S A M P
                V R O G T H I E F F T L U
              L F K A W W U H W S S V N
            D N S F A B A M G T Q G Q
          K H P Y F W I H A N Y X O
          A L I A S E S M N I U N
        V D M B L E V Z N I T P D
        M Q J D Z G Y U I P A J
      L C S G I H A C J S U L F
      V H N Z N P M H V D L U M
      U A O D X R I E B R A C
      F Y I M D I C A Y O T L
      F N S R I V I T B W I A
      W F S Q S A L E A S V C
      E K E T H T B R B S E O
      L T F Y O E U O U A D E
      J U N D N S P D S P Q L E
      D B O N E E E N E D M S Q
        V C F S C S L D E C R K
        T Z I T R L E E D H C B B
          T P X E A F C D C F K E M
          F J X T F K E E Z S H E U
            G L S F V I B P B H Z N P
            R X A X V M D J N Y W Q V
          W P F E E M U C R W J M T S
            Y N M F E X V V G M C A K V
              M N F W N O Y J S R S E F
                L E K N C F V D R M A P J
```

Self-Love

AWARENESS
FOLLOW-YOUR-INTUITION
FORGIVE-YOURSELF
GRATITUDE-FAITH-HOPE
HONESTY-COMPASSION
MORAL-HIGH-GROUND
PURSUE-YOUR-PASSIONS
RECLAIM-YOUR-LIFE
RELEASE-TOXICITY
RESEARCH-RESILIENCE
SELF-WORTH
SURVIVOR'S-VOICE
VALUES-VALIDATION

```
L T X A U C P F K X K O L U U N M Y I I K W L Z C H R T G S
Q D C M U F L E S R U O Y E V I G R O F O D Z J H S B B Z G
W P B Z N T A U E V Y T I C I X O T E S A E L E R O Y Z W E
D V I Q A B T A A V F K R R Z A B Z K N G N A C M U A W D Q
C E C L W U I A W K O N I W S K U P E E K F J D X R T M F D
N L L L A S Z Y Z S B N A A H G I G B G Z M P J Z V V Q J T
K A A D R E A K S M W D X Z X S X N W I U N M C L Q C D G J
G Q L Z E L G I P U R S U E Y O U R P A S S I O N S V F W B
V S M C N F M Q G U N O I T I U T N I R U O Y W O L L O F E
G V X U E W P P J R E C N E I L I S E R H C R A E S E R H X
T O G Y S O C P U Z O I K R R N T O X S F U S T Q Q Q L P X
S F Q W S R E B C J V S J R M N X U Z O M M O K N O T S O Q
F L J Y V T R Q H M C Q H S C F B H A G T C P R C O S N H A
J F A K V H W R W A T B J F Q V I D Q D X D Z I X T J B C T
E E I T J U C J D D X X Y Z N I M K C Y W N T N Z X L J Z I
B P W W K Y R J N H R X I G V B K B G C N E W L X N S C H S
T R L R B Y K T U G U R Z M G F Q M T E Z R J L Q F U U W X
I S X H D J Z H O W R E O N O I S S A P M O C Y T S E N O H
C Z J G E B Y V R Y E L A N G P V Y H Q Z Z M G C A V Y U B
M H V E P L K U G Z M N C W M D S B R L D Y A J H C S O B P
P L R L R Y R R H P C P S U R V I V O R S V O I C E W S W H
S Z B X Y Q F T G V X T K L S X G H W R K O E Q K D R U S K
Z W I L S Q Y P I L L K A X Q L V O S V I E T V Y R M R I V
F T C Y M Z A Q H J E V W Z S M T E Z L E G H O T W A A Y C
V V I X H Q N S L W U E P O H H T I A F E D U T I T A R G N
P Q I N V X C M A M D L M G D R G N N U S M X B K N O N I B
Y Q U R P P N H R C O F V S C V S H M Y B T I X D V Q S M F
H T S R R V Q A O P L L R R E C L A I M Y O U R L I F E J A
X O J W O Q J D M B Q S T Y Q W U M Z I T A Y L R Y D U G W
D J J M B O V M P T N O I T A D I L A V S E U L A V P R D V
```

Smear Campaign

ABUSE-TACTIC
DEVALUED-PUT-DOWN
DISTORT-CHARACTER
FRIENDS-FAMILY
HALF-TRUTHS-LIES
ISOLATION-GASLIGHTING
LOSE-SUPPORT-SYSTEM
NEGATIVE-TACTIC
NEIGHBORS-GOSSIP
PROPOGANDA
REPUTATION-ATTACK
UNDERHANDED
WEB-OF-LIES

```
            W G A K I X                      M Y F G S R
          F O J J U P I Z                  S U I O T V J T
        C O X K B Y Z N Q C                A R S R V K Y Y R D
      V M H O K S G J C R S K              V I G V E H N T Z W S Y
      L Z D E D N A H R E D N U        U I Y Y V P C B R R C Z I
    R Q D D R B V L V R C O B E U    W X S M U P U K Q M Z G M L N
    C J A G A D N A G O P O R P Z Q O Z P A L M T F V A U Q J Q Z
    D C W Z O U D D E V A L U E D P U T D O W N A V Q P O R H Q T
    G K R E T C A R A H C T R O T S I D J J N Q T R L B O C M R R
    L G U P I S S O G S R O B H G I E N V W N Z I B T V Y E B S X
    S O U V A O M P V E L J D Q U Q G D Y Y L Q O X L B T W Y Q P
    Y S Q O X V V T P A O E P W D Y F B L M X H N O P S I E V R Y
      Y O L T O G T Z P Y O X C S E H V G E G D A S Y V H B Y K
      K V R Y L I M A F S D N E I R F F F H Z U T S V Y F O C V
    W G N I T H G I L S A G N O I T A L O S I T T U U G F Z L
      Z F Q U Z O E I F I S N C Z V D M J N R A J F R K L R
      J S E I L S H T U R T F L A H C L I O C C A E H Z I I
        L L N D J L F A N T F N P T W R P K Z K X Q F M E
        G T Y F H U D J W Y L T D B U P T F B I V E P Y S
        L A E E N O Z E V F W L R U W H Q W H S G A Z
          W B P X E Z N H Y X L S J N Z C R T L W V
          V U Y C I T C A T E V I T A G E N T U
          F E S A N F N N S B M J R D D V G V B
            G V E H F D O B D P D B F G Q F P
            F X T J L O X P U L L Y J E W
              N N A G N O K G M P M B L
              L G C W D S P L J K K
                A T M Z N M X
                K I C Z T
                N C Q
                M
```

Stockholm Syndrome

ALIGN-WITH-ABUSER
BRAINWASHED
CHILD-ABUSE
CODEPENDENT
COERCIVE-CONTROL
CULT-VICTIM
HURT-AND-RESCUE-CYCLE
IGNORE-RED-FLAGS
PARENTAL-ALIENATION
SPLITTING
STRINGS-ATTACHED
TRAUMA-BOND
WEAPONIZED-CHILDREN

```
                              R
                            Q D L
                          B E H U O
                        F H F F S C R
                      W C F V Z G I R T
                    T A D A T D Y C T I N
                  Q T P U Y F R B D N Y Z O
                U T O E O G W A A S T D G M C
              N A M Q Z E U C O F A G B R N Q E
            B S S H K G Z E N N Q A E A F Q B W V
          V G P V R G R G H C Y X P K K W J C K Y I
        T N D S W E A P O N I Z E D C H I L D R E N C
      O I Z P O M N A S L I Q D H M R J K C J L S T C R
    S R Y C M X F D E L C Y C E U C S E R D N A T R U H E
  N T W C S N O I T A N E I L A L A T N E R A P G U T S S O
U S D T M R E S U B A H T I W N G I L A P C X M C B P G A S C
Z P Q W I C U Y V X O U V W B W N Y U F V D M D L A T U P
  W L X O T D T W C O D E P E N D E N T E I Y I L R P B
    Q V Y T C O Z X T V K E D U Z I S H G Y T F A E M
      N O L E I V D Q V O G N Y E U S P N T D U D E
        M P J Q V P Q Q R J D W I A S J I E M I S
          B R J X T T F A U T M W E K N R A J U
            L A M K L L C C F N R W G E B K B
              G O G B U I H I Z G Z R O R A
                D T P R C A N R N O N D D
                  J V P R U C S N D C L
                    O B R F R G C D I
                      V M T I P U H
                        H P Q F C
                          S C N
                            V
```

47

Stonewalling

ABUSE
ACCUSE
AVOIDANCE
DISMISSIVE
EMOTIONAL-HARM
HURTFUL
IGNORE
INTENTIONAL
MINIMIZING
PASSIVE-AGGRESSIVE
SHUTTING-DOWN
SILENT-TREATMENT
TACTIC

```
              E V N C W N S M O K
            O U X K V E L O A P G O A E
          T G Q V I L K A L W Q I U T W J U W
        L O O N C W M F J A B U S E F E R O Y S
        K W W Y A D D X Q R A B W Y W L R D A A T L
      J I B I R V U X Q V Q J Z D D E L A V B I B M F
      R X B J A I N G E Y X O U Y E T K N O L A X S J S
      Q R X O Q G Y F V S U D I F R A C I V C O I S J H A
    E B I M U T Q Q C I I U U J P A Q D O L R M D D D U H O
    M E R Y Z Z N D P S L M A K O R A S W J Z N Q F H T L S
  L P K T E P O X K X S E D Y J K N R I M P H D Z B Z T K V O
  C K Z B D K R S F Q E N I P N C X M V Z U N U G Q A I V X R
  J N Y X E N I W B S R T S T E A E B O W E H Y V F Z N B G R
  B V X P T M M V X F G T M E V I G N O R E M P N N H G Y A Y
  E S C K S U W O Q F G R I T B Z L B W Y B O C U B H D U Q J
  Z M M M X F V V J X A E S A C V T U I F W S D V X O O W Q M
  I B O B E P M K S S E A S S W W C X M L O J Y K R G W D U T
  H T S T M J G X F H V T I K F M C C A N X R Y W Z D N U G D
  G D D W I S F X K M I M V Z T W T N K S P F R O A P B M O L
  F N G I U O F K P B S E E T N G O W S J F T Z J C B O U W G
    Y R E A Y N L U P S N E T W I X T M V T C F S C Q Z D N
    Y Z E W M P A I T A T U S T G L A I V Q I C U U S W V Q
    D V H U W A L O P L A N M I U E N O F T H U S U I I
    O P A U C Q Y H E I E I E H X K I T U C L C E C M K
      M U I R N R R A T N B B D D J M F C A E A I Q I
        F A I T Q T N R M D R J U C I D C T P G V P
        T R X F I B A M O D U X I Z G W P E W L
          U V H U C P Y R Z K P K I C L R N Y
            X B L O S O H L T Z N W L P
              C T J H A U H X G C
```

Targeted Parent

ABDUCTED-KIDS
BROKEN-HEART
CAMPAIGN-OF-DENIGRATION
COURT-CHAOS
ERASED
FALSE-ALLEGATIONS
GRIEVING-PARENT
HOSTILE-AGRESSIVE
LOSS-OF-LIVING-CHILD
MILESTONES-MISSED
NORMAL-RANGE
PARENTAL-ALIENATION
SMEAR-CAMPAIGN

```
                              N
                              O
                         B R  U
                         V M  B
                         O A  E
                       Z F L  W V
                       M Y R  Z C
                       E U A  W I
                     Q S C N  E D V
                     F M E G  G Q M
                     R W Z E  G V F
  O Y N O I T A N E I L A L A T N E R A P G N I V E I R G G
    K K S H H W C A M P A I G N O F D E N I G R A T I O N
      W H J S N O I T A G E L L A E S L A F D D T P
        H O S T I L E A G R E S S I V E H E F G D
          L F D L I H C G N I V I L F O S S O L
            X I K S V A M X T J A S S P J
              I K T H Z H G G T M I O N
              Y D X C X O R E M Y A
              O V E W E A A S O J H
              D D R T E R E J V I C
              K B Z O H C N A M I Y T Q
              F B T N A O U B S H X R X
              H S E M T Z   D S E T U R
            X G K P S J       B F D O M J
            Z O A E H         A T C Z I
            R I L             D D M
          B G I               V J F
          N M                 N Z
          D                       Z
```

Trauma Bond

ABANDONMENT-WOUNDS
COERCIVE-CONTROL
CONNECTION
CPTSD
EMOTIONAL-BLACKMAIL
GUILTY-IOU
INTERMITTENT-REINFORCEMENT
POWER-IMBALANCE
PUNISHMENT
RELATIONSHIP-DYNAMIC
TRAPPED-STUCK
UNHEALTHY-RELIANCE
VICTIM-PERPETRATOR

```
        P O W Q I H M O            G L U Z N X L K
    A C H V W M C W B J        F Q K R Z N D C D H
    U H O C J P W P G G E      S W Y Z A T G U V F I
  Y S   N K E D A A E S H C    R B A Z H X T X X A   Z G
B B U E   H K R K M E Z D V    L F P O G S Y R P   D L T R
K K W M R M E T C T F C U P    W R W T D U O J M W G O V D
O S U C U E Z A Q I H H U U    O O Q E S T I E P S B R Z Y
W C M C Z K L Z L S V W W L    Y W P Y A D L L D I V D P W
F I D I V B U A S T R E V B    B P X R X I V N T I H Y X V
D R J N T C C I T B H I C W    A C T J N W U G E Y X Y U T
X U E I B K N D U I X Y F O R Z E E V A O A H Q Z I I J N
K H X Y M C V K Z R O H R T N P P V J W A L Z Y P F O N T
  Q T N E M E C R O F N I E R T N E T T I M R E T N I U
  Q D Z M J Y X F E T S E L W R N H A T K O E N K E
              X C P H I I E O M
    U O U T U N V W G M N I I M A K L P B L X F Z T B
    Y E Z Z T D F I T I B A A N P C N A M U T W S E S V B
C X D Y N C X G D T X C O O L A D H C B K N E T X F C C O
O C T V V O P B C S N T D B L A P Y O E R D I B M E Z H A
L G G H M N K I K F K N F B    F B Z N U W M X S C R X L M
G A N K M N V Z P Q A R L J    K M M Q A W G R P H M W N N
C H H C B E N V B B Y A J J    H Z R I X M E W J P M K S Q
R L D C I C R O A V N L Z L    L D J R R O I A P K P E E M
T I C N D T T I F O A B B K    P E S T F E O C I G F E N X
F E B H   I D O I Z B F O K    J Y C V V Z W Z M   P Q O T
  T L   G O Q T E H D T X P    K M Y G B E C O E H   C I
    P E N O F Z Q I U O O      W U F D N V Z N P P T
    B P M S M H N Z Q D        R Q B D A R Z C I N
    E Z R J Y J Y E            H Z W D G I H X
```

Triangulation ————————————————————————————

AFFAIR
CALCULATED
COMPETITION
DIVIDE-AND-CONQUER
GROOMING
INDIRECT-COMMUNICATION
LOVE-TRIANGLE
MANIPULATE
RELATIONSHIPS
THIRD-PERSON
TOXIC-PLAYER
USED-ABUSED
VICTIM-RESCUER-PERSECUTOR

```
                                 I
                              C  Z  U
                           K  E  A  D  K
                        T  K  I  P  I  D  X
                     W  I  L  Z  L  X  K  K  R
                  F  W  X  Z  C  X  S  Q  S  U  Z
                  R  S  X  C  J  A  T  T  R  K  D  U  S
                  R  C  B  Q  C  J  K  U  I  N  C  P  F  P  P
               O  R  C  S  P  I  H  S  N  O  I  T  A  L  E  R  Y
            P  J  L  L  D  I  W  I  N  U  Z  B  G  T  Q  T  N  C  P
         E  V  O  K  Q  C  O  M  P  E  T  I  T  I  O  N  M  A  V  D  W
      X  X  R  T  E  U  R  X  S  N  K  V  R  S  X  Q  F  N  U  V  V  K  N
   E  Q  Q  O  H  Q  W  I  L  L  E  P  I  T  L  P  G  C  E  O  Q  S  R  T  M
V  U  T  X  T  A  G  M  C  N  Y  P  L  R  U  B  L  P  V  Z  U  I  W  K  A  W  Z
G  T  N  G  C  U  X  N  H  U  U  S  E  D  A  B  U  S  E  D  U  E  N  X  C  C  J  T  I
      S  C  U  I        A  B  X  C  R           L  D  T  V
      X  E  K  M        R  D  K  P  T           G  I  H  Q
      Y  S  D  O        B  U  K  N  F           N  R  I  B
      A  R  C  O        R  L  C  L  Q           A  E  R  H
      W  E  G  R        E  T  Q  W  G           I  C  D  K
      S  P  B  G  D  E  D  X  U  C  G  M  F  W  M  L  Q  R  T  P  N
      R  R  Q  B  P  X  I  Y  Q  T  J  A  R  R  Z  E  P  T  C  E  G
      K  E  A  F  F  A  I  R  N  I  K  N  T  J  D  D  O  E  O  R  A
      Q  U  O  R  D  A  S  H  O  T  K  I  O  D  Z  G  U  V  M  S  X
      Z  C  P  W        C  T  D  P  X  N  R  Y  Q  O  M  O  W
      C  S  P  U        D  Q  B  U  I  K  R  P  R  L  U  N  D
      Q  E  Z  I        N  R  X  L  C  X           N  B  E
      E  R  N  N        A  A  Z  A  P  U           I  X  T
      T  M  F  M        E  C  O  T  L  Y           C  F  A
      V  I  H  C  C  S  R  V  D  I  J  E  A  W        A  Y  L
      W  T  X  C  O  X  J  N  I  B  E  B  Y  S     P  T  C  U
      K  C  A  Y  I  H  T  R  V  D  C  J  E  A        I  E  C
      T  I  A  B  P  C  U  K  I  Q  F  Z  R  S        O  E  L
      U  V  L  V  V  U  U  H  D  Y  J  T  Q  D        N  Z  A
      K  Z  C  C  A  K  H  X  W  E  J  W  M  H        R  O  C
```

Triggers

ABUSE
CPTSD
EMOTIONAL-SETBACK
FAMILIAR-PLACES
HOLIDAY
MEMENTO
MEMORIES
PAINFUL-FLASHBACK
PANIC-ATTACK
PHOTOS-SCRAPBOOKS
REMEMBERING
REMINDER
UNRESOLVED

```
                            Q L
                            T B
                            M L
    E Z                     U H                        P
      L N              O W C O V P                  B Y
        C Z        J J F P N Z N R Y U O        K W
          K C A B H S A L F L U F N I A P    F H
            T K J W C K Y F K I Y Z F Y T H N
            T V F Y V S G Q P G T E A G B M D
            S R W L Z Z E G Y H D M T N J E R Y
        U F I H Z K V A L A C I O L I C M E U
        A D B Z O V X Q T D L D T W R Q E W T A
        P C S J I V E O O I S B I Z E D N E S G
  P A N I C A T T A C K Z A L K D O E B E T C P F B T H A
  H X D Z D Y Z Y P H I R E O O H N C M V O W F M O U Q I
        H C Q C V C P J K H O R A P E L O Q V P
        Y C B E Q L J S Q Z B E L P M O H Z F K
        M J T Y A M B M A U P D S Y E S O K Y
          N P C E H E P A L A N E Q R E X Z I
          U E M X Y Q V L Y R I T M U R F T
          S O D Q M X N Q L C M B P I N S V
        P R   H E S U B A Y S E A Y Q U    M G
      W I         V N M M Y S S R C T F         Y F
    H E             J L M O O K                E R
    S                   E T                    Z H
                        A O
                        U H
                        L P
```

Victim

ABUSED
ASSAULTED
ATTACKED
CASUALTY
DUPED
HARASSED
HARM-HURT
INJURY
INJUSTICE
PREY
SHAME
THREATENED-TARGET
WRONGED

```
                        G D E K C A T T A W S B L
                    W N Q A N H O Z L O X M U
                  Y T H V V N R Y T X P A Y
                A X H R A Z S W E D I K Y
              W I P V T U H F L V D K Y
            O L H T W P D J D U P E D
          G G D G H S J P H N S W Q
          C D P T R H K F F P I D
        C I E S V E D E S U B A Y
        A P T S U A O E I V B X
      G S R L Y P T H L V Y Q I
      A U E U C L E S O T P U P
      D A Y A H M N G W S B X
      P L A S O C E F N I H B
      Q T X S S Y D C J D H C
      D Y A A X C T K L B P O
      Q D V A M Y A P A Y V G
      I O E T Z H R S R I R C
      S R V S G I G L H O V R C
      G U T Q S P E D K A S E K
        E N L U A T M F Y M I K
        J C I B T R J L I T E K E
        V H D I F A J B C P F X T
        P U J G N D H W O O I F F
          C Q Y V O X Y E T C S W L
          L K H A R M H U R T T N Y
        S K L E P J Q D E G N O R W
          L F B R S E C I T S U J N I
            G R Z E K F S X O E M U Z
              I V Q G W K T B D O M R G
```

53

Virtue Signaling

CHARACTER
EXAGGERATE
FALSE-MASK
INSINCERE
MORAL-GRANDSTANDING
PUBLIC-PERSONA
SECRET-AGENT-MAN
SELF-PROMOTION
SHOW-OFF
SUPERFICIAL
TACTIC
VIEWPOINT
WOLF-IN-SHEEP'S-CLOTHING

```
Y J H Y O O D T O Z E Q P H R D O M Q C H W Z X Q P H U V F
F X A A X O L O H M D Z A J W E V Y M T K M G G P R V R C P
C H E N K C U N W S O L D M Q N X I M K Z M J N N M Z C K Q
R V P Z O D Q R E P F N T R L R O T J W G U D T L O L F C R
P Z F I H S H V K X A G G P I S M O Z K L Q V H X X I G C C
D L Y N L Y R Q I W A O S C K T C J Z X I O P L T V P A H M
D A P T Z Z U E Y E D G K X C E K T H Q I O Q X Y G B Y U C
S I T D N O Q V P Y W S G Z T X P V Z O F L M G H F Z O M F
H C L I P X B W S C M P X E B Z Z C A O C V N U H C O L U D
B I R J V I U H F Q I Y O S R H Z Q M N X C S W W U G C F S
D F F W P H N A Z L V L J I Y A Z O L D X Q Z H Q N S J W E
T R Q Y U R L K M M B C B D N M T N H P I Y U U I E U Y D L
L E N R B S W C I T C A T U R T O E E M K Z I H C M G L N F
O P Q B E B C I V W M X F Q P W E X H M C K T R L N Z I L P
N U L M U N X U R E T C A R A H C B X T X O E V I Z S N Q R
H S A I O L T Z A D C T D T E P K Z B G L T H D M K T Z S O
B S J C Y M X B A I S Z M Q R V J K V C A T N Z U Q A H D M
K X V M Z B Q R W P F M I F J E C B S G C A D Q F D P H L O
Q Z P T V G F O E I U Q Y E S J W P E Q T P V T T G J E Z T
G Q J T H U X R N S H O W O F F E N P S X A Z E Q X P F B I
Q A J L O I N S I N C E R E F E T M D N S P M B R G B S E O
X G M N K G W J L K B D C L H M P N X P C K P B Q A U R R N
T P F U I M X C F Y H B K S A T A B T J F N O S M L O K C Y
U F C H D Z W Y A M B N N N J R I X M R I U D H U L E X G M
R Y L G T U Y V R P R I Q Y G T T P G K M F T E V Y Q O A J
P N A D R B P Y X E F D F L B P Z N S R K J W B Z O C R D L
Y I H C K J C H K L U I A N V M D C I V K Z Y K I G G Z Z N
X C M V D D U K O F Q R Z V N J T V X W F I E L P V B N A V
E I Q F U T U W O I O O B W X N T F E Q X X H W F M S X I J
E S K G U T G D X M O J V V U N W O O A B Z L G Q P W K V Z
```

Word Salad

CHAOS-CONFUSION
CIRCULAR-REASONING
CRAZYMAKING
DEFENSE-MECHANISM
DISTRACTION
GASLIGHT-TARGET
INTENTIONAL
LOGICAL-FALLACIES
MANIPULATION-TACTIC
NONSENSICAL
PURPOSEFUL
RANDOM
VERBAL-ASSASINATION

```
            C C V N U B                        N J S Y I H
          U Z S O S Q Z Z                    V J E I Q H G U
        A K G Q S W D I Q Y                 T K C A Q N K T L U
      K P V A T N V Q T O R U              R H F C U O K Z L P Q T
    F B S S G Q O V Q A Z C X            G Y J C W P H O L P B F L
  H I Z Z L J Q I J F B V X Q X        J V O C E V A S Y Z S V N H O
  V E U U I Q Q K N J Q R S Y B    J E N R D L A C I S N E S N O N
  N I J A G F I C P G Z J O Y C H D F U X U X W H Y T A N U V R
  R O B N H Y V J S W U D J K F D S T F Q Q J N E F R T V D A N
  U S P H T W L H C E N O I T A N I S A S S A L A B R E V H Y R
  I F V W T M S I N A H C E M E S N E F E D Q T Y H U D V U X R
  U C Q K A F C O G N I N O S A E R R A L U C R I C F E N W C M
    A L H R T L U F E S O P R U P R T A R M P A P Q S E T O Q
    G C G G C C Z D O R M A N I P U L A T I O N T A C T I C G
    A O H E I J H O W S U N O I T C A R T S I D G Z I J U L B
      Y B T T N C A R J A H S X C V K G N I K A M Y Z A R C
      N R R P V T H O R C V R B H W C W Z I P Y R H E U F F
        S I Q D D E V S L O G I C A L F A L L A C I E S Z
        V I I R K A N G C U D F B C X Y Z T W Q L E I C D
          C L I Q Y F T M O D N A R H J D H H B Z N Y P
          F N Q T T U I E N J W Q R P H U E D H R U
          Z D F L X Q O N F X M T Z Y D X I B Z
          U E Q Q C Z C N X U Z Q I G O M X A V
            I M L G B C P A J S K O Q B P K K
            Z R B O Y X N L X I U S B U I
            S J N X O F D A O O Y J Q
            V D V W D O K X K N A
              T K B H J I T
              A D U A Q
              T K H
              A
```

Solutions

Abuse Cycle

Abuser's Playbook

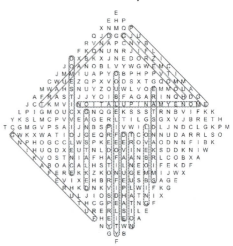

Addictions

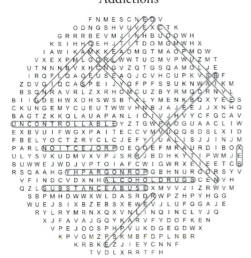

Betrayal

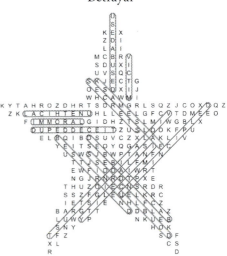

Blame Shifting

Boundaries

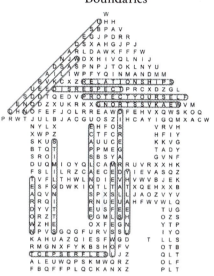

Child Abuse

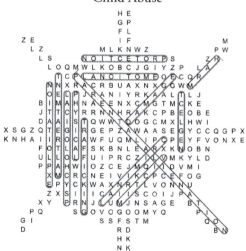

Codependency

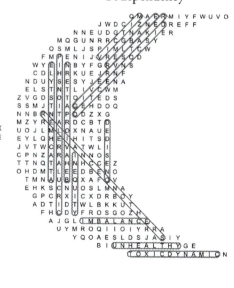

Coercive Control

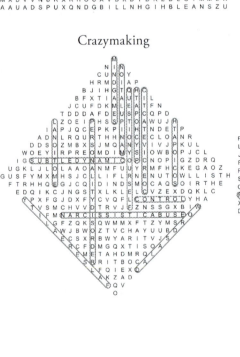

Cognitive Dissonance

Crazymaking

Domestic Violence

Duper's Deligth

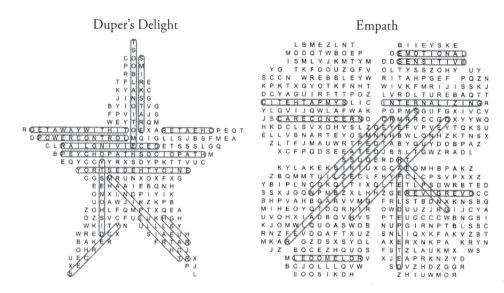

Empath

Erased Parent

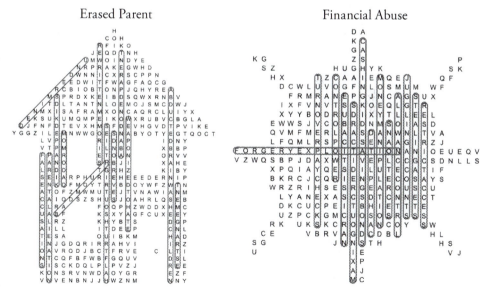

Financial Abuse

Flying Monkeys

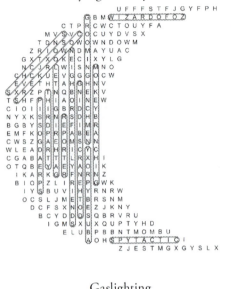

Future Faking

Gaslighting

Golden Child

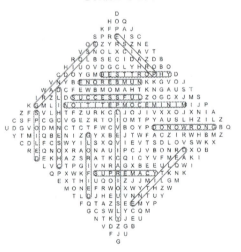

Grey Rock

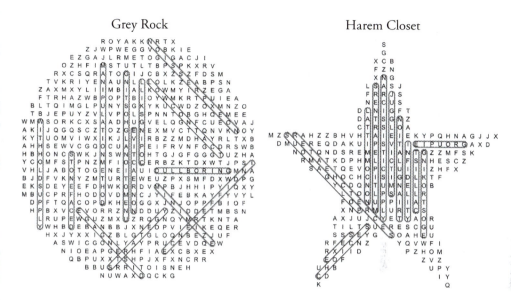

Harem Closet

Healing Journey

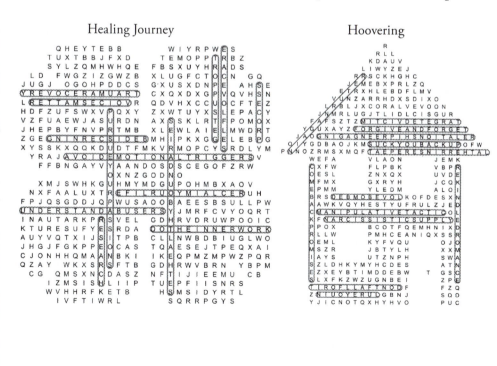

Hoovering

Independent Thinker Phenomenon

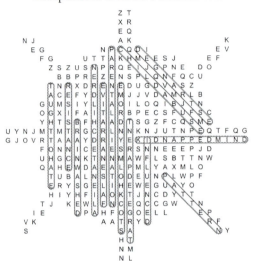

Ineffective Counsel

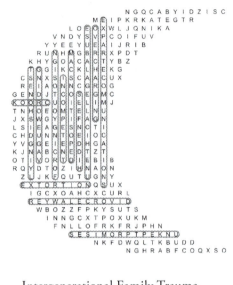

Infidelity

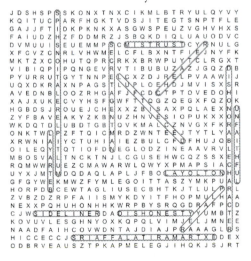

Intergenerational Family Trauma

Isolation

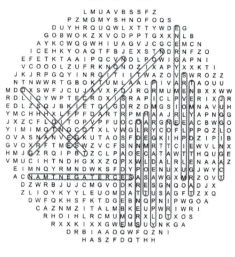

Juggling Supply

Love Bombing

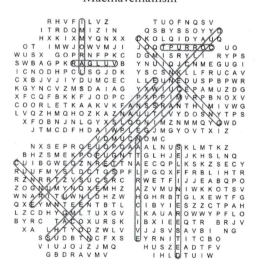

Machiavellianism

Mask Slips

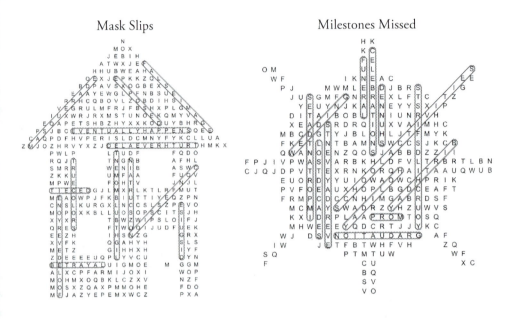

Milestones Missed

Mirroring

Moving The Goalposts

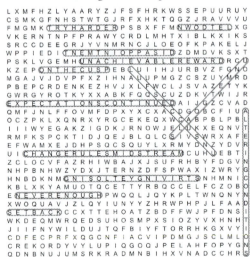

Narcissist

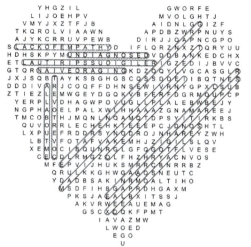

Narcissistic Injury

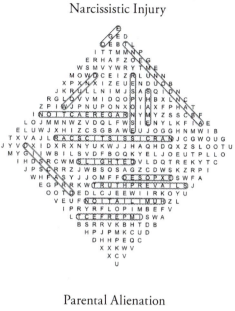

Narcissistic Rage

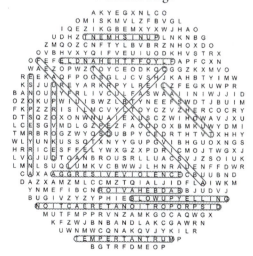

Parental Alienation

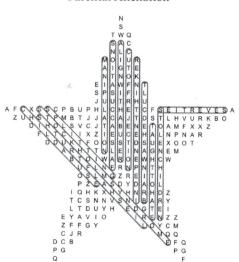

Projection

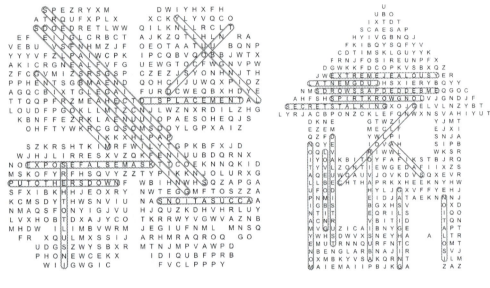

Red Flags Ignored

Scapegoat Child

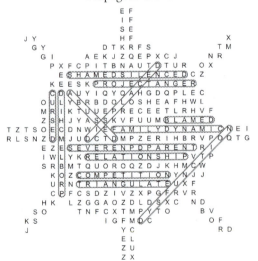

Secret Agent Man

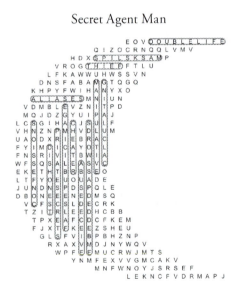

Self-Love

Smear Campaign

Stockholm Syndrome

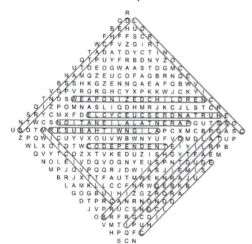

Stonewalling

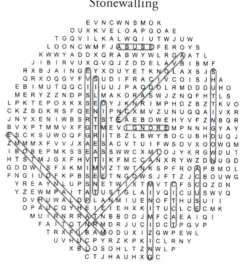

Targeted Parent

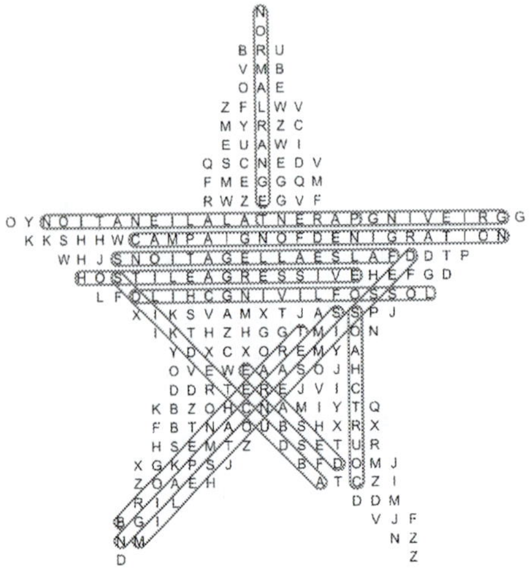

Trauma Bond

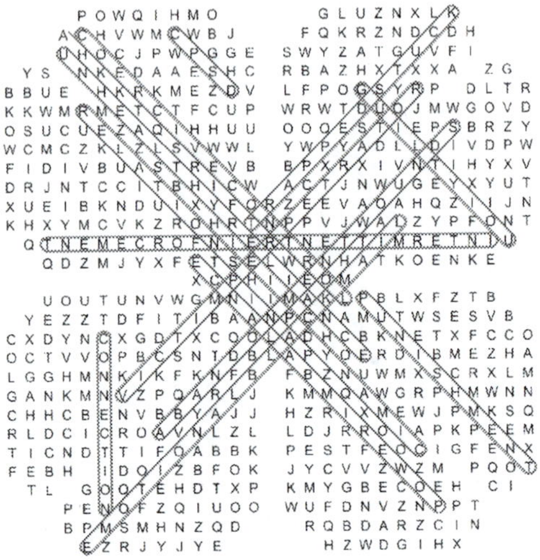

Triangulation

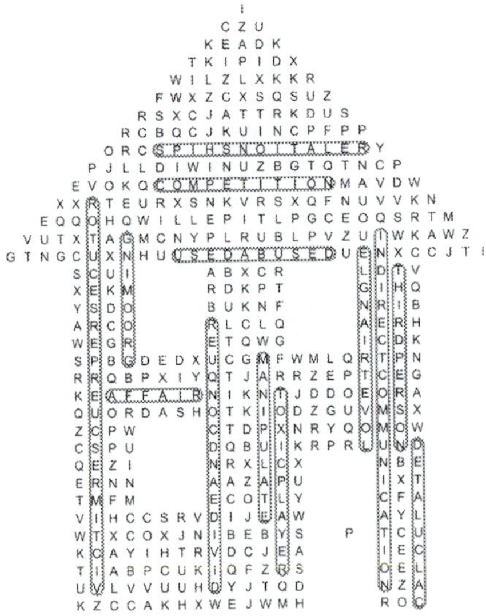

Triggers

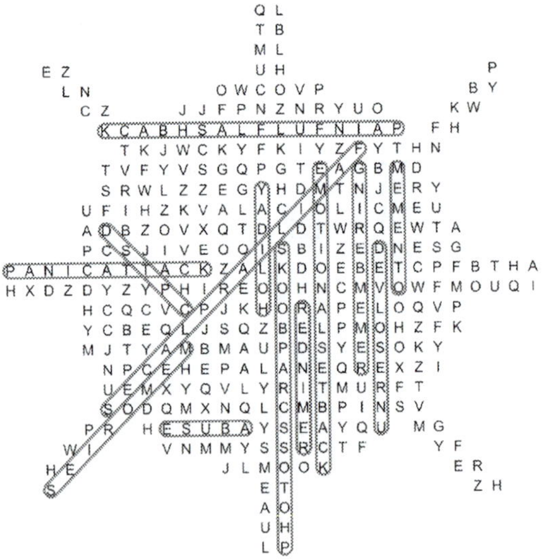

Victim

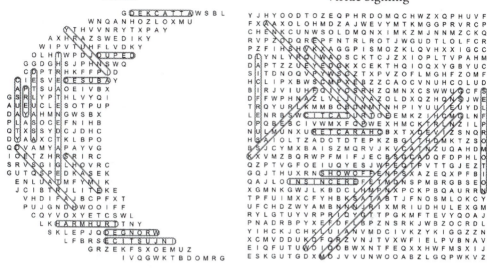

Virtue Signling

Word Salad

Words have the power to hurt,
but words also have the power to heal.

Printed in the United States
by Baker & Taylor Publisher Services